宗教から見た世界

Understanding the World through Religion

目次

I 宗教リテラシー

II イスラム教と欧米

III 「悲嘆」から「希望」へ

装丁……渡部百泰

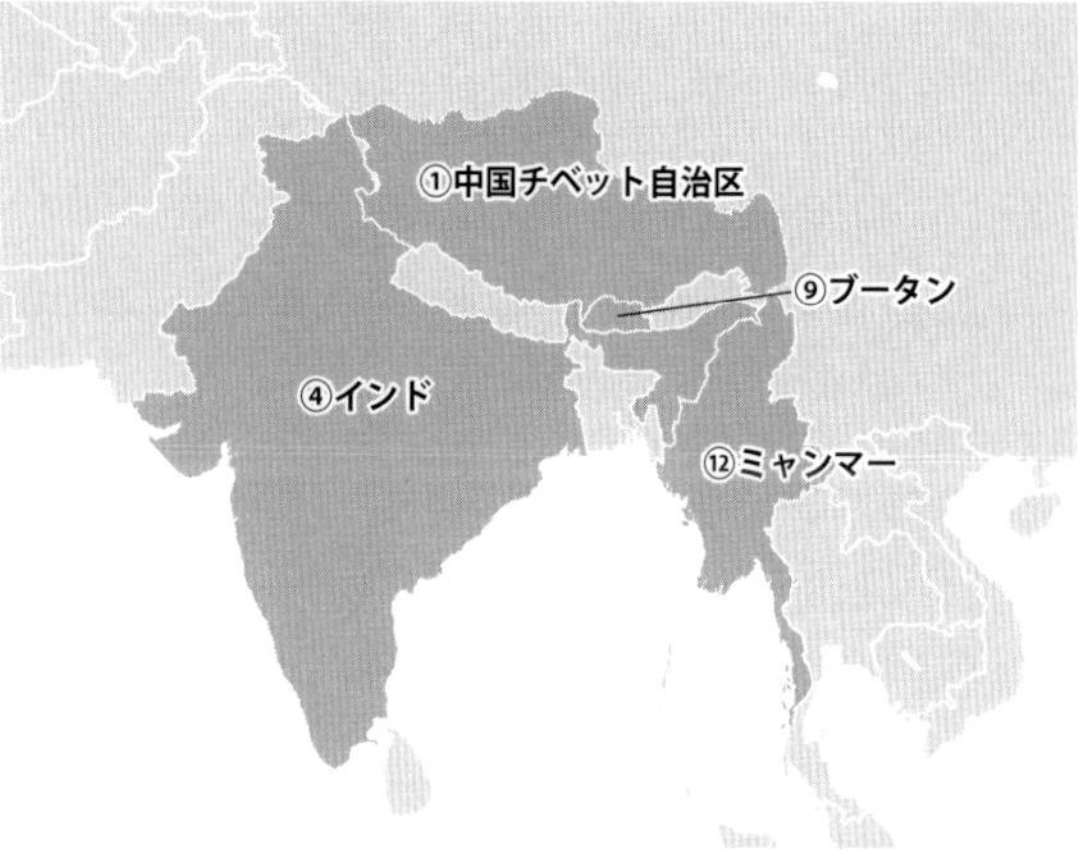

本書で取り上げる主な国・地域を、地図上に色を変えて示し登場順に番号を付けた。また話題を扱うタイトルを、地図の下に番号と共に列記した（米国は除く）。

当該国・地域の登場するタイトル

① チベット問題の宗教的背景
② イスラエル建国60周年
「パレスチナ問題」への一視点
米国とイスラエルの〝特別な関係〟
③ 岐路に立つトルコの「政教分離」
④ 深刻化するインドの宗教間対立
⑤ 英国の法律とイスラム法の摩擦
〝見せる宗教〟としての英国国教会
〝BREXIT〟が示唆するもの

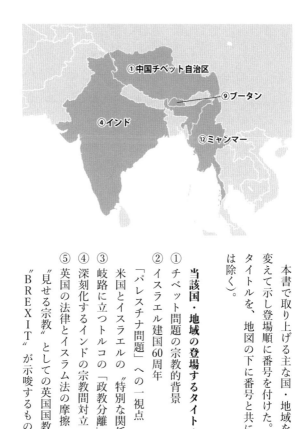

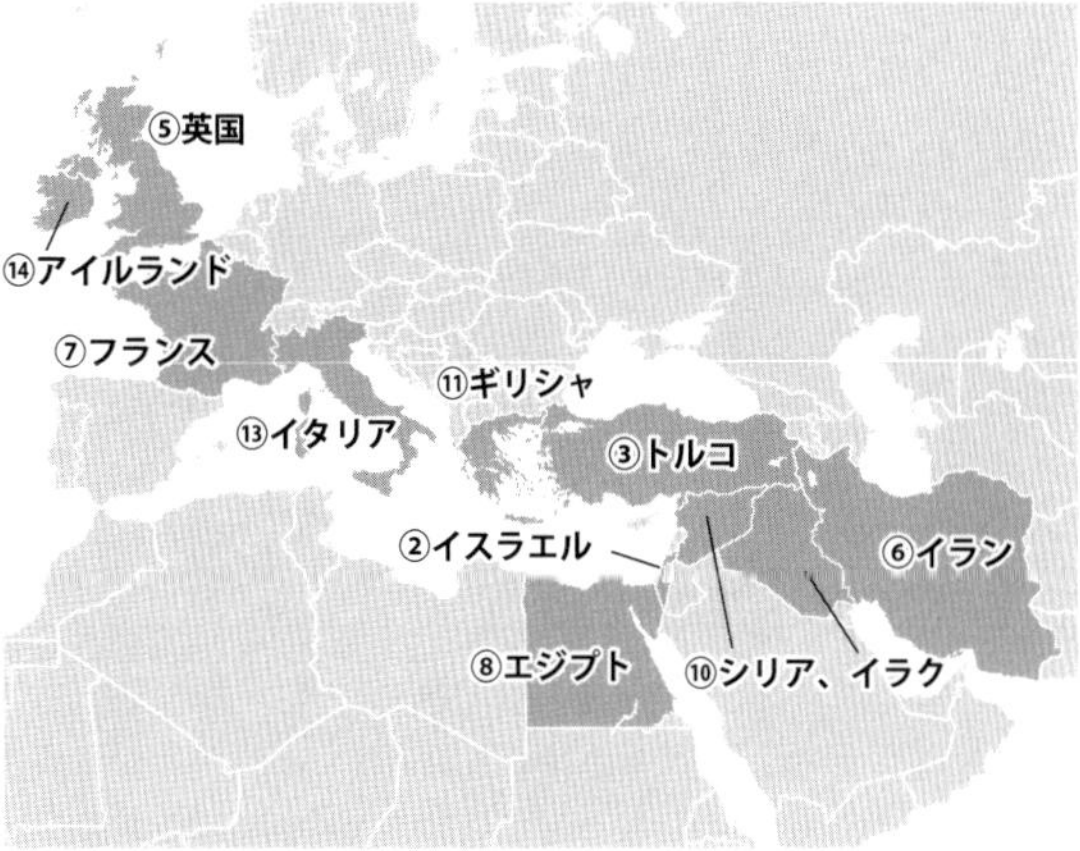

⑥「イラン－米国」関係の新たな兆し
　イラン革命40年――宗教との共存の時代へ
⑦フランス「ブルカ禁止法」合憲判決の背景
　フランスと「われわれ」の行方
　「我らが貴婦人」の火災
⑧コプト教会問題に見るカトリック教会の影響力
　エジプト騒乱から見えてくるもの
⑨ブータンの「国民総幸福度」が示すもの
⑩「イスラム国」勢力急進の1年
　「サイクス＝ピコ協定」締結から1世紀
⑪宗教史から見た〝ギリシャ危機〟
⑫ロヒンギャ問題――理念と現実のはざまで
⑬移民問題と人々の「分断」
⑭ＢＲＥＸＩＴとラグビー・アイルランドチーム

※本書は、『天理時報』の連載コラム「宗教から見た世界」で、筆者が担当した平成20年から令和3年までの連載95篇から61篇を選び、加筆修正したものです。また、編集部で適宜注釈を加えました。

I

宗教リテラシー

2008

「宗教リテラシー」とは

いわゆる「９・11同時多発テロ」を契機として、イスラームに対する米国民の関心が相対的に高まった。それは、あのような暴力的手段によって多くの無辜《むこ》の命を奪うことが、なぜ宗教的に正当化されるのかという疑問を、多くの米国民が抱いたからだろう。

実際に、事件直後から湧《わ》き上がったイスラームに対する米国民の否定的な感情は、今日でも完全に払拭《ふっしょく》されたとは言えない。ＦＯＸなど保守系のテレビ局はもとより、ＣＮＮのような比較的リベラルといわれる局でさえも、イスラーム的な価値観が欧米のそれといかに異なるかを、いささか誇張気味に伝えようとする番組が今でも見受けられる。

一方で、こうしたメディアの潮流に対し、出版界やアカデミズムでは、宗教について与えられた情報を批判的に読み解く能力、つまり「宗教リテラシー」を読者に与えようとする試みが目立ってきた。

リテラシーとは、そもそも「読み書き能力」という意味だが、今日の情報化社会では、「メディア・リテラシー」などのように、この語をより広義に「与えられた情報を批判的に読み解く」という意味で用いることが多い。

そうした意味で、この「宗教リテラシー」という語をキータームとして、今日の国際情勢における宗教の役割を読み解いていきたい。

2008

「宗教リテラシー」の意義

「宗教リテラシー」という言葉が最近、米国で用いられるようになったのは、実は、単にイスラームをはじめとする世界の諸宗教についての知識教育の必要性を、米国の出版界やアカデミズムが痛感し始めたからという理由だけに留《とど》まらない。

近著『レリジャス・リテラシー』(Harper SanFrancisco、２００７)でこの言葉を広めたＳ・プロセロ教授(ボストン大学)によれば、米国民の多くはキリスト教以外の世界の宗教に関する知識に乏しいだけでなく、いまやキリスト教についての知識さえもおぼつかない。キリスト教伝統についての知識が、米国民の良き「教養」と考えられていた時代は、遠い昔の話だという。

プロセロ教授は、国内外で進展する宗教の多元化状況を含め、人口妊娠中絶、同性婚、幹細胞研究など、宗教的価値観が国民生活のうえで、ますます重要な意味を持つようになった今日の米国社会の変化に鑑《かんが》み、良き市民にとっての教養としての「宗教リテラシー」の意義を強調する。

一方、少子化による産業人口の漸次的減少という現実のなか、今後、多くの労働力を外国人に頼らざるを得なくなる日本でも、「宗教リテラシー」の必要性が高まっていくと考えられる。

宗教的価値観をめぐる市民的な議論に参加していくうえでも、世界の諸宗教に関する基本的な知識が不可欠なのである。

2008

チベット問題の宗教的背景

現在、世界が注目している「チベット問題」[※]を理解するためには、その背景にあるチベット仏教についての知識が不可欠である。

チベット仏教は、7世紀以降にインドから伝えられた大乗仏教の流れの一つで、現在はチベット自治区に加え、他の東アジア諸国にも信者を抱えている。最高指導者のダライ・ラマは、高僧の生まれ変わりの信仰（活仏転生）に基づいて認定される。

現在のダライ・ラマ14世は、1950年代に始まる中国の武力による過酷なチベット併合の動きに抵抗し、59年以降は亡命先のインド・ダラムサラを拠点として、チベットの「高度な自治」実現のために活動を続けている。

今回、各地へ飛び火したチベット人蜂起《ほうき》の主な目的も、中国からの独立要求にはない。むしろ、漢族によるチベット自治区内の観光地化によって、チベット文化が後退を余儀なくされている実態を、今夏の北京五輪を前に全世界へ知らしめることにある、といわれている。

欧米諸国の中には、すでに五輪開会式への不参加を表明している国もあるが、彼らがこの問題に敏感なのは、これを重大な人権問題と捉《とら》えるという視点に加え、ダライ・ラマの非暴力主義への共感という側面もあるだろう。

だが、今回の一連の抗議運動は、ダライ・ラマでさえも、チベット人の不満を抑えるのが困難になりつつあるという現実を浮き彫りにしているとも言えよう。

※……3月10日、中国チベット自治区ラサ市で、僧侶や市民らによるチベット独立を求めるデモが暴徒化。治安部隊と衝突し、この暴動で多くの犠牲者を出した。

2008

イスラエル建国60周年

1948年、中東パレスチナの地で独立を宣言したイスラエルが、今年5月で建国60周年を迎えた。

当時、英国の委任統治下にあったイスラエルは、国連パレスチナ分割決議を盾《たて》に、強引に独立へ踏みきった。近隣のアラブ諸国は即座にイスラエルへ攻め込むが（第1次中東戦争）、その足並みの悪さなどから、結局、パレスチナ側はさらに領土を失い、大量の難民を生み出す結果となった。

パレスチナ側から「ナクバ（大破局）」と呼ばれるこの事態は、以後、第4次まで続く中東戦争や、際限なき報復の応酬《おうしゅう》を引き起こすことになる。いわゆる「パレスチナ問題」の混迷化の始まりである。

そもそも、パレスチナにユダヤ人国家の建設を目指す「シオニズム」運動は、19世紀末の欧州における「反ユダヤ主義」の動きに対抗すべく、むしろ世俗的色彩の強い民族解放運動として生まれたものだった。「シオン」とは、古代イスラエル王国の首都エルサレムの古称であるが、シオニズムによって、この地を中心とした土地に自らの国家を再建することが、ほぼ2千年にわたり「離散の民」に甘んじていたユダヤ人にとっての一大目標になったのである。

だが、その後のシオニズム運動が、次第に宗教的色彩を強めていくにつれ、「ユダヤ教対イスラム教」という構図に傾斜し、ますます混迷の度合いを深めていくことになる。こうして、この問題は「民族対立」と「宗教対立」とが密接に結びついた事態の典型例として、喧伝《けんでん》されるようになるのである。

2008

「絶望」と「テロ」をつなぐもの

6月、東京・秋葉原で起こった「通り魔殺人事件」は日本中に大きな衝撃を与えた。

評論家たちは、この事件の背景として、所得格差の問題やネット社会における人間関係の希薄さといった要因を指摘している。また、この事件を、自分の将来や社会に対する絶望感から生まれた一種の〝テロ行為〟と見なす論者もいた。

一般に「テロリズム」とは、何らかの政治的目的を達成するための暴力行為を意味する。だが、今回の事件はむしろ、そうした明確な目的を欠いた無差別殺人であったと見られる。

この視点から見逃せないのは、「絶望」が無差別殺人に結びつくという構図が、今日のパレスチナ問題における自爆テロに顕著に見られるという点である。

今日のパレスチナにおけるムスリム（イスラム教徒）の多くは、出口の全く見えない「パレスチナ問題」の行方《ゆくえ》と、その渦中《かちゅう》で翻弄《ほんろう》される自分たちの未来に深い絶望感を抱いている。

たとえばガザ地区では、イスラエル軍の侵攻と同地区の閉鎖によって、パレスチナ人の地場産業が破壊されているという現実がある。こうした閉塞《へいそく》状況の中で、少なからぬ青年層の心を強く捉《とら》えるのは、「防衛ジハード」の教説である。つまり、「イスラームの家（支配地）」に現れた武装異教徒に対して、「ジハード」（聖戦）を遂行《すいこう》することで同胞を守り抜くというものだ。

だからこそ、彼らは自ら死を選んだ後も、多くの同胞から「英雄」として讃《たた》えられるのだ。

秋葉原の事件には、「絶望」と「テロ」をつなぐ〝教説〟は見当たらない。ならば、何が彼をあのような残虐な行動に走らせたのか、十分な検証が必要だと思う。

2008

岐路に立つトルコの「政教分離」

7月末、トルコの親イスラム与党・公正発展党の〝解党〟の是非をめぐって、同国の憲法裁判所が下した判決が世界の耳目《じもく》を集めた。

これは、トルコの憲法に定められた「政教分離（世俗主義）」原則を、同党が侵しているとの嫌疑《けんぎ》で、同国の検察官によって訴えられたというものだ。

トルコは、国民の99％がイスラム教徒でありながら、建国以来、西洋型の政教分離を国是《こくぜ》としてきたという点で、他のイスラム国家とは一線を画《かく》する。

この特異な事情の背景には、トルコの建国の歴史がある。

トルコの前身、オスマン帝国は、第一次世界大戦にドイツ側で参戦し、敗戦によって国土の大半を西欧諸国に奪われた。その危機に、軍人のムスタファ・ケマルが民衆と共に立ち上がり、１９２３年に「トルコ共和国」として独立を果たした。

初代大統領に就任したケマル（通称・アタテュルク）は、イスラム教を国家制度から排除する世俗主義の原則を憲法に盛り込んだ。しかし、「聖」と「俗」を明確に区別しないイスラム教にとって、そもそも政教分離の原則はなじまない。

今回の訴訟は、公正発展党が大学での女性のスカーフ着用を解禁するなど、イスラム的価値観を徐々に社会に反映させている実情に対し、「世俗主義の番人」とも言える野党第一党の共和人民党やエリート層の危機意識が高まったことに起因しているという。

今回の判決で、与党の公正発展党が解党を免《まぬか》れたことで、〝国家的危機〟は当面回避された。だが、世俗主義に基づく民主化を促進させることによって、逆にイスラム政党が世論の支持を獲得し、それによって政教分離の原則が揺らぐという皮肉な構造は今後も残る。

トルコが自らの火種として抱えていかざるを得ない問題である。

2008

深刻化するインドの宗教間対立

今年8月、インド東部のオリッサ州で、ヒンドゥー教過激派によるキリスト教徒に対する暴動が勃発《ぼっぱつ》した。事の発端は、地元のヒンドゥー教指導者の一人が殺害されたことにある。

地元警察は、この殺害を毛沢東《もうたくとう》主義のゲリラによるものとしたが、ヒンドゥー教過激派は、これをキリスト教過激派によるものとして、キリスト教徒への迫害を開始した。

その結果、多くのキリスト教徒の住居や教会が破壊され、これまでに少なくとも数十人の死者が出ているほか、キリスト教徒に対する強制的改宗も確認されている。

実は、こうした事態は、近年インドで多発する宗教間対立の一例にすぎない。

11億を超える人口を抱えるインドは、世界最大の民主主義国家であり、「政教分離」と「信教の自由」を国是《こくぜ》としている。実際には、国民の8割以上が伝統的なヒンドゥー教徒でありながらも、近年はイスラム教徒（約13％）やキリスト教徒（約2・5％）が勢力を拡大しつつある。

一方で、インド社会の「大衆化」が進み、政治が大衆を動員するためのシンボル操作を求めるなか、いわゆる「ヒンドゥー・ナショナリズム」が台頭してきたといわれる。

民族的・文化的多様性をもつインドを最も効果的に司《つかさど》る手段として、多数派のヒンドゥー教が、文化的資源として政治的に利用されたというわけだ。結果として、そこからイスラム教やキリスト教を敵視する態度までもが醸成《じょうせい》されることになったという。

今日、テロや過激派といった言葉から、私たちはまずイスラム教やユダヤ教をイメージしがちである。だが、宗教的要因を伴う暴力の発露《はつろ》は、決してそうした「一神教」的伝統に限られたことではない。「多神教」的伝統の文化圏でも、その伝統が政治的要因と結びつけば、容易に暴力へと発展することがあり得ることを、近年、深刻化するインドの宗教間対立は示唆している。

2008

英国の法律とイスラム法の摩擦

英国には現在、200万人近いムスリム（イスラム教徒）がいるといわれている。その多くはインド、バングラデシュ、パキスタンからの移民とその子孫である。

欧州では国によって移民政策は異なるが、英国はオランダとともに移民に寛容な国の一つといわれてきた。この政策は「多文化主義」と呼ばれ、移民の伝統的な価値観や慣習を保持することを認める立場である。

２００５年にロンドンで起きた同時多発テロ以降、こうした政策の限界についての議論が高まったものの、政府の基本的立場に大きな変化は見られない。ところが近年、英国の法律とイスラム法（シャリーア）との摩擦が問題となっている。たとえば、ムスリム女性が離婚を望む場合、その多くは英国の法律に従った手続きに入るのではなく、まずイスラム法の専門家から離婚の許可を得ようとする。彼女らにとって、それが神による離婚の許しを意味するからである。

イスラム法廷は、以前から英国にも存在していたが、特に近年のインターネットの普及などにより、離婚を求めるムスリム女性からの需要が増え、その法廷の機能が顕著になってきた。

英国での民事事件に関しては、１９９６年に成立した「調停法」で処理される。だが、イスラム法の手続きでは、女性の権利などをめぐって、調停法と抵触する場合がある。特に離婚の場合、イスラム法の専門家が離婚を極力回避させようと、女性に対して夫に寛容な態度で臨むことが推奨されることが少なくないといわれる。また、その判決の手続きの不透明性や、説明責任の欠如なども問題視されている。

たとえ移民の慣習や価値観に寛容な政策を採《と》る国でも、イスラム教やユダヤ教といった独自の「宗教法」の伝統を文化的背景とする移民との真の融和は、必ずしも容易ではない。それは政教分離を基調とする欧州諸国が、移民問題で抱えざるを得ない不可避的なジレンマと言えよう。

2009

オバマ米国大統領就任式の「宗教的次元」

1月20日、バラク・オバマ氏がアメリカ合衆国第44代大統領に就任した。国教や王制の制定を断固拒否することからスタートした人工国家・米国にとって、4年に一度の「大統領就任式」は国家的セレモニーである。と同時に、一種の壮大な代替的宗教儀礼のような機能も果たしている。

特に、今回のオバマ大統領の誕生は、ブッシュ政権期に失った、米国の国際的威信の回復への転換点となる。そればかりではなく、いまだに払拭《ふっしょく》できない黒人差別史にとっての分水嶺《ぶんすいれい》となる贖罪《しょくざい》的なイベントとしても、「希望の大地」という米国神話を想起させるに十分な機能を果たすものであったと言えよう。

しばしば、先進国の中で最も「宗教的な国」といわれる米国は、実は「政教分離」と「信教の自由」を人類史上初めて憲法で規定した国家である。したがって、政治的領域での明確な宗教的行為は排除されるべきというのが、憲法上の原則であるはずだ。

ところが、大統領就任式では、就任宣誓時と式典最後の祈禱《きとう》の際にキリスト教の牧師が登場し、新大統領自身も聖書に手を添えて宣誓する。こうした点から、連邦政府が憲法上の規定に反し、事実上、政治の領域においてキリスト教信仰の発露《はつろ》を許容しているように見えるのも無理はない。

しかしながら、牧師の登場も、聖書を用いた宣誓も、実は何ら強制的なものではなく、従来の慣習に従っているにすぎない。ここで重要なのは、そうした一連の儀礼的過程によって目指されているものが、神による支配ではなく、あくまでも法による支配ということだ。

では法自体は、いったいどのような根拠を持っているのか？

合衆国憲法の場合、それは特定の啓示宗教の神ではない、「神聖なる超越的存在」(理神論)であるといわれる。

つまり、米国の大統領就任式は、憲法自体の根源は神聖なるものであるという神・話・儀・礼・的に再演するという、極めて宗教的な機能を併せ持つイベントなのである。

2009

オバマ米大統領「就任演説」の背景

バラク・オバマ氏のアメリカ大統領就任から3週間余りが過ぎた。就任式が行われた1月20日、首都ワシントンには200万人が集まったとされる。

経済・外交・安保など、現在の米国が抱えるさまざまな難題に対し、スピーチのうまさで知られる黒人初の新大統領がどのようなメッセージを送るのか、全米のみならず世界中の注目が集まった。

就任演説については、日本でも直後から多くの論者が新聞やテレビなどで論評を加えている。ここでは特に、オバマ大統領が「宗教」や「文化」の問題についてふれた個所に注目し、その背景にある諸問題を解き明かしながら、発言の意義について考えてみたい。

私の見方では、おそらく二つの重要なポイントがある。一つは、オバマ大統領が「イスラム諸国の国民に直接語りかけた発言」であり、もう一つは「米国内の宗教の多様性について論じた発言」である。

前者は、現在の米国が抱える「外交問題」の根幹に関《かか》わる点であり、後者は、米国内で現在進展中の「宗教的・文化的多元化」の問題に関わる点である。

イスラム世界への語りかけ

1点目から見てみよう。オバマ大統領は、イスラム諸国に対して次のように語りかけた。

「イスラム世界よ、私たちは共通の利益と相互の尊敬に基づき、新たな道を模索する。紛争の種をまき、自国の社会の問題を西側諸国の責任とする世界各国の指導者よ、国民は、破壊するものによってではなく、築き上げるものによってあなたたちを判断するということを知るべきだ。腐敗や欺瞞《ぎまん》、さらには異議を唱える者を黙らせることで、権力にしがみつく者よ、あなたたちは、歴史の誤った側にいる。こぶしを下ろすなら、私たちは手を差し伸べよう」

この発言が画期的なのは、歴代大統領の就任演説の中で、イスラム世界に対し、第三者的にではなく、大統領自ら直接語りかけた初めての出来事だったからである。

もちろん、異例の発言の背後にあるのは、外交・安保政策におけるブッシュ政権からの明確な方針転換の姿勢だろう。「テロとの闘い」で知られたブッシュ政権下での外交・安保政策は、「米国に対してテロ行為を行う危険性のある国や地域に対して、先制攻撃をも辞さないとする強硬姿勢」（ブッシュ・ドクトリン）であった。

この外交方針を支えていたのは、国際関係を、米国および同盟国と、テロ行為を行う国とに二分し、「どちらにつくか」と迫るブッシュ氏の〝二元論的・二者択一的世界観〟であった。実際、この政策のもとブッシュ政権期の米国は、アフガニスタンとイラクで戦争を起こし、イランとの関係をさらに悪化させた。言うまでもなく、いずれも「イスラム国家」である。

イスラム世界に対するオバマ大統領の直接的な語りかけは、彼の「協調外交」の姿勢を明確に表しており、ブッシュ路線との違いを強く印象づけるものであった。

だが、必ずしもオバマ大統領の外交方針が、ブッシュ時代よりも寛容だということを示しているわけではない。むしろ、発言の背景にあるのは、外交的にも経済的にも多くのイスラム諸国と対立的関係にあり続けることが、もはや米国の国益を損なうものでしかないという、オバマ大統領の冷徹な現実認識である。

確かに、宗教の視点から今日の世界情勢を見れば、昨年末のインド・ムンバイでのテロ事件に象徴されるように、もはや南アジアと中東を完全に区別することさえ不可能な状況にある。イスラムを背景とした紛争や衝突は、いまや〝大中東地域〟とも呼べる広範な領域で発生している。こうした現実を前に、オバマ大統領は「経験主義」と「実用主義」の観点から、イスラム諸国との対話を呼びかけているのだろう。

だが、こうした大統領の態度を、ブッシュ政権期の外交政策からの「180度の方向転換」と見るのは、果たして正しいのだろうか。

というのも、引用した演説からも明らかなように、オバマ大統領もまた、米国は常に歴史の正しい側にあるという強い信念を持つ点では、ブッシュ氏同様に、二元論的世界観を共有していると見なすことができるからである。

だが、より好意的に見れば、こうした「アメリカの正義」は、まさに建国の精神に深く根ざすものだけに、オバマ大統領でさえ、この点に関して反省的な態度を公《おおやけ》の場で示すことは容易でないのかもしれない。

〝宗教的多様性〟の認識

2点目として、米国内の宗教の多様性についてふれたオバマ大統領の発言について見てみよう。

「私たちの多様な伝統は強みであり、弱点ではない。私たちは、キリスト教徒やイスラム教徒、ユダヤ教徒、ヒンドゥー教徒、それに非宗教者による国家である。私たちはあらゆる言語や文化で形づくられ、地球上のあらゆる場所から集まっている」

この発言について、日本のマスコミの一部には「仏教徒」についての言及がないことを指摘し、「仏教国である日本を軽視するオバマ大統領の姿勢を反映しているのではないか」という、やや飛躍したコメントが見られた。しかし、それは杞憂《きゆう》にすぎない。

この発言は、オバマ氏が２００６年に出版した著書『The Audacity of Hope』（邦訳『合衆国再生——大いなる希望を抱いて』）の第6章「Faith（宗教問題）」の中で、すでにほぼ同じ表現で語られており、仏教についての言及もなされている。

むしろ注目すべきは、オバマ大統領が米国の「多様な伝統」の中に「非宗教者(non-believers)」も含めた点である。これもまた、大統領就任演説では史上初の出来事であった。

というのも、「非宗教者」について公の場で語ることは、米国史の中では長い間タブー視されてきたからだ。もちろん、ここでは大統領自ら「非宗教者」であると公言しているわけではない。だが彼自身、キリスト教に入信したのは、シカゴで地域社会活動家として働いていた20代のころであり、それまで宗教に対しては懐疑的だったという経歴がある。

重要なのは、オバマ大統領の宗教観より、むしろ彼の根本的な〝政治的信条〟とでも言うべき点である。

おそらく、それは「包摂《ほうせつ》性（inclusiveness）」という言葉で表現できる態度だろう。つまり「異なった意見や立場の人々を包み込んでいくような姿勢」である。

もちろん、その背後には、ブッシュ政権期に深刻化した米国内のいわゆる〝文化戦争〟がある。これは、同性婚や人工妊娠中絶などの問題をめぐって、キリスト教福音派《ふくいんは》を中核とする保守派と、リベラル派との間で生じた価値観の対立を指す。

オバマ大統領は双方の対立の融和とともに、特定の信仰を持たない人々をも抱え込むことで、宗派的価値観や信仰の有無による連帯の意識を、米国民の「市民(citizen)」としての連帯の意識にまで高めようとしているのではないか。

実際、就任演説の最初の呼びかけは、近年の歴代大統領が使用した「アメリカの皆さん(My fellow Americans)」ではなく、ワシントン初代大統領をはじめ、19世紀の大統領が頻繁《ひんぱん》に用いた「市民の皆さん(My fellow citizens)」という表現であった。

そこには、オバマ氏が弁護士としてシカゴで地域社会活動に従事した時代から培《つちか》ってきた政治スタイルの原点が垣間《かいま》見える。つまり、地域の〝草の根レベル〟で意見をすり合わせるという手法への、彼自身の手応えが反映されているのではないだろうか。

もちろん、「市民」の理念のもとに国民全体を包摂していこうとするオバマ大統領の政治姿勢を、「理想主義」というより「政治戦略」と見ることもできるだろう。

しかし、理想や希望は語るだけでは実現しない。明確で具体的な戦略的思考に基づいてこそ可能となるという視点も、オバマ大統領にとっての〝揺るぎない信念〟なのだろう。

2009

「イラン―米国」関係の新たな兆し

1979年に起こった「イラン・イスラム革命」は、4月で30周年を迎えた。その名の通り、この革命の本質は、イスラム主義に基づいていたという点にある。

50年代以降、米国はソ連を牽制《けんせい》するうえで地政学的に重要なイランの取り込みを図り、親米派のパフラビー・イラン国王（当時）の権力集中を擁護《ようご》した。国王は米国の支援を背後に、世俗主義の導入による近代化政策を推進した。

こうした〝親米世俗主義〟を批判し、徐々に国民の支持を集めていたのが、イスラム教十二イマーム派（シーア派）の法学者・ホメイニー師だった。彼に対する中傷記事の掲載を機に、国内で抗議デモが深刻化し、パフラビー国王は国外亡命を余儀なくされた。

その後、長年の逃亡生活から凱旋《がいせん》したホメイニー師が政権を掌握《しょうあく》し、王制を打破。こうしてイスラム主義に基づく「イラン・イスラム共和国」が成立した。

この革命は、米国を中心とした欧米諸国のイスラム教に対する否定的なイメージを醸成《じょうせい》する決定的な出来事となった。とりわけ「9・11同時多発テロ」以降、頻繁《ひんぱん》に目にするようになった「原理主義」という言葉は、もともと20世紀初頭の米国におけるプロテスタント保守派の一潮流を意味するものだった。

ところが、イラン革命を契機に、米国メディアを中心に、この言葉が「反米・反西洋」を標榜《ひょうぼう》する過激なイスラム主義を指すとともに、半ば蔑称《べっしょう》的な意味を負ったのである。イラン革命後の30年間、「イラン－米国」関係は袋小路の状態にあった。

特にブッシュ政権期には、イランは「悪の枢軸《すうじく》」の一つに挙げられ、一方のイランでも、対米強硬派のアフマディネジャド大統領が登場するなど、両国関係は極度に悪化した。

6月に実施されるイラン大統領選で、「文明の対話」を提唱した穏健派のハタミ前大統領の復活が実現すれば、イスラム圏との対話を探るオバマ大統領との間で、両国関係の新たな時代が期待できるかもしれない。

2009

「壁」崩壊後の世界における宗教の動向

11月9日、「ベルリンの壁」が崩壊して20周年を迎えた。「壁」の崩壊によってもたらされた冷戦体制の終焉《しゅうえん》は、その後の世界の政治・経済のあり方のみならず、宗教の動向にも大きな影響を与えた。

冷戦体制後の世界を語る言葉として当時よく耳にしたのは、「東西の壁が崩壊し、宗教が台頭した」といった表現である。実際には、冷戦の終焉と今日の世界的な宗教の復興現象を、直接的な因果関係で捉《とら》えるのはやや無理がある。

たとえば、旧共産圏におけるロシア正教の復興やイスラム主義の台頭は、壁の崩壊以前からすでに生じていた動きであった。

一方、さまざまな民族グループが、それ以前から潜在的・顕在的に維持していた独立への動きが、ソビエトという箍《たが》が外れたことで一気に表面化したことは確かである。

つまり、壁の崩壊が宗教回帰やその台頭を促したというよりも、むしろ民族的アイデンティティー（自立性）の正当化の基盤として、宗教の役割が顕在化したというほうが、より事実に即した見方であろう。その具体例が、カザフスタンやウズベキスタンなど、ソ連解体後に相次いで独立した六つのイスラム国家である。

それらは必ずしも、「イスラム主義」といった表現からイメージされるような厳格なイスラム国家ではない。多くの場合、イスラム法の諸規定から礼拝や断食といった宗教的行為に至るまで、かなり寛容な捉え方がなされている。

というのも、こうした中央アジアのイスラム国家の独立は、純粋な「宗教的動機」からではなく、自国の石油や石炭などの豊富な資源を守ろうとする「経済的動機」に由来するものだからである。

このように、冷戦後の世界情勢においては、領土や資源をめぐって先鋭化する利害対立の背後で、宗教が民族的アイデンティティーを支える〝イデオロギー装置〟として機能している場面が多く見られる。

宗教が、信仰の純粋性や教義の正統性といった視点からだけでは捉えられない多様な側面を持つことを、今日の国際情勢の動向からも見ることができるだろう。

2010

東アジア共同体と宗教的伝統の問題

元日の全国紙の社説には、鳩山由紀夫首相が提唱する「東アジア共同体」構想についての言及がいくつか見られた。その見解の相違はともかく、そうした構想が首相自身の口から語られる背景には、中国や韓国との関係をめぐる外交的配慮があることは確かだろう。

この構想を支えるのは、一貫した政治哲学や思想というよりも、まずは目の前の外交的課題への現実的対応であろう。とはいえ、東アジア共同体には、それをまとめ上げるための理念的・思想的合意も不可欠である。

たとえば欧州連合（ＥＵ）の場合、その思想的基盤として挙げられるのは「キリスト教的価値観」である。

実際に、EU憲法の前文に「神」という表現を盛り込むか否かをめぐって論争が起こり、結果的には見送られたという経緯がある。だが、こうした明示的な宗教的表現がなくても、実際に何を排除するかといった決断の場面で、ある種のキリスト教的伝統の刻印が浮き彫りになることがある。

この傾向は、トルコのEU加盟問題において特に顕著である。トルコにとって待望のEU加盟がいまだに実現しない背景には、同国の「イスラム教的価値観」に要因があるといわれる。もちろんEU側は、宗教的価値観を加盟拒否の理由とすることはない。

しかし、多くのEU加盟国にとって、司法制度や人権問題をめぐるトルコの〝非西洋的性格〟は許容し難《がた》いものと映るようだ。その妥当性はともかく、そうした違和感の背後にあるのがイスラム教的価値観だという説明は、一定の説得力があるものとして受けとめられている。

翻《ひるがえ》って、東アジア共同体の場合、共通の思想的・理念的伝統の一つを挙げれば、やはり仏教ということになるだろう。もちろん、それがEUにおけるキリスト教的伝統と同様の機能を持ち得るとは、にわかには考えにくい。

昨年話題になった、小沢一郎・民主党幹事長による仏教に対する好意的発言は、その「寛容」の精神が、キリスト教やイスラム教に欠けている要素として評価するものだった。

いずれにせよ、この発言の真意も、先述のような文脈に置くことで、より分かりやすくなるのではないか。こうした視点で東アジア共同体の今後の議論を見ていくことも、面白い切り口かもしれない。

2010「サリン事件」以後の宗教知識教育

「地下鉄サリン事件」から、3月でちょうど15年が経《た》った。事件直後の連日のメディア報道の過熱ぶりは、いまだに多くの人々の記憶に新しいのではないだろうか。

この事件について語られるべきことは、なお少なくないが、ここで注目したいのは「宗教情報(知識)の伝達」をめぐる問題についてである。というのも、この事件は明らかに、宗教とメディア関係全般にとって歴史的な分水嶺《ぶんすいれい》を成したからだ。

もちろん明治期以降、日本の新宗教団体はメディアの執拗《しつよう》な攻撃を受けており、そうしたメディア報道から国民が特定教団に関する知識を得るという構図は、必ずしも珍しくなかった。

だが、サリン事件によって決定的に変わったのは、その構図の「あり方」と「規模の大きさ」である。特にテレビは、視聴率のために「世論」が欲するような報道を加熱させ、一方の世論は、そうした報道をほぼ無批判的に受け入れる。自らの感情（欲望）を燃え上がらせたい世論と、それに油を注ぐメディアとの依存関係は、一般市民が宗教に対して抱くイメージに、大きな影を落とすことになった。

メディアと世論の関係の背後には、１９９５年以降、インターネットが急速に浸透したという現実があることも無視できない。人々は宗教に限らず、あらゆる情報をネットで即座に検索することができる。ある意味、それはかつての日本社会では可能だった、世代間での宗教的知識の伝達が希薄になったことの裏返しとも言える。つまり、核家族化の進展によって、宗教的な伝統や慣習について祖父母や両親から教えられたという人々の実体験が、ほぼ途絶えてしまったことを示唆している。

いずれにせよ、こうした現状にあって、メディアが提供する情報を精査できるような宗教知識教育、つまり「宗教リテラシー」の向上は、日本で今後ますます必要とされるだろう。

当事者と非当事者の認識のズレが大きくなりがちな宗教知識だからこそ、できる限り適切な教育が求められるだろう。

そのために学際的な宗教研究が果たし得る役割は、決して小さくないはずである。

2010

「カトリック教会」対「メディア」

前回、地下鉄サリン事件以後のメディアにおける宗教情報の問題を取り上げたが、宗教とメディアの関係をめぐる問題は日本に限ったことではない。

3月以降、欧米のメディアを中心に、ローマ・カトリック教会に対する厳しい批判の声が相次いで上がっている。問題は、児童虐待への関与が発覚した神父への教会側の対応のあり方に起因する。

カトリック教会の聖職者による未成年者への性的虐待の問題は、過去に幾度も強い批判にさらされてきた。今回の問題の核心にあるのは、現教皇ベネディクト16世が「教皇庁教理省」の長官だった当時、少年への虐待で有罪となった神父に対し、厳格な処分を怠《おこた》ったのではないかという嫌疑《けんぎ》である。こうした告発は、米国やアイルランド、さらには教皇の母国ドイツでも起こっており、一連の疑惑が現教皇就任以後のカトリック教会の最大の危機だと報じるメディアも出てきている。

事の真相はさておき、興味深いのは欧米メディアの論調である。主流メディアはもちろん世俗的な立場に立ち、殊《こと》に社会問題に関しては、リベラルな論調を展開している。したがって、宗教団体に対しては、当然厳しい眼差《まなざ》しを向ける傾向が強い。そのため、教団が絡む問題が生じた場合は大々的に報道する一方で、教団の社会貢献などに言及することはほとんどない。

特に、今回の場合は〝保守的なカトリック教会〟対〝リベラルな主流メディア〟という対立構図が顕著である。メディア側からすれば、権威のあり方や性道徳に関して、カトリック教会は、まさに前近代性の象徴のような共同体なのだろう。

この構図は、言うまでもなくカトリック教会にとって極めて不利に働くものである。

一方、この構図自体が、近代化や世俗化といった、宗教を取り巻く環境の歴史的変化を示す指標であることも否定できない。

こうした状況のなか、教会側は聖書や伝統に忠実に従い、保守的な姿勢を維持しつつも、同時にメディアや社会に対しては、より柔軟な姿勢を示していく必要性に迫られているのではないだろうか。それは、長い伝統と強力な影響力を持つカトリック教会ゆえの難題なのかもしれない。

2010

「パワースポット」としての伊勢神宮

伊勢神宮への参拝者が急増しているという。内宮《ないくう》と外宮《げくう》を合わせると、２００７年の年間参拝者数は700万人を突破。０９年は800万人に迫った。今年は４月末時点で、すでに424万人に上っている。

要因としては、３年後に迫った「式年遷宮《しきねんせんぐう》」がある。これは20年に一度、神宮のすべての社殿を造り替えて御神体を遷《うつ》すという、１千300年以上も続く神事である。

式年遷宮を迎えるまでの数年間に参拝者が急増するという現象は、これまでにも見られた。しかし、近年の参拝者急増の要因は、どうやらそれだけではないようだ。

昨今、伊勢神宮は、若者向けのファッション誌や情報誌などを中心に「パワースポット」として紹介されることも珍しくない。パワースポットとは、そこへ行くと不思議な力を得ることができると信じられている場所のことだ。

ある特定の場所が癒《い》やしや奇跡を生む特殊な力を持つという信仰は、これまでにも多くの歴史的宗教で語られてきた。

しかし、最近の流行として語られるパワースポットの背景には、〝スピリチュアル（霊的）なもの〟に対する人々の関心の高まりがある。それは「スピリチュアル文化」と呼ばれる一群の現象として、近年の宗教学でも重要な研究対象となっている。

たとえば、「スピリチュアル・カウンセラー」を自認する人がテレビ番組で人気を博したり、「宮崎アニメ」が国民的現象となったり、あるいは『千の風になって』が大ヒットしたりといった現象を、すべて今日の日本社会におけるスピリチュアル文化の興隆《こうりゅう》の一面として見ることもできる。

こうした〝スピリチュアルなもの〟に対する関心の高まりは、既成宗教の枠《わく》を超え、さらには医療、食事、職場、エコロジーといった領域においても認めることができる。

こうした傾向は、〝宗教的なるもの〟に対する人々の関心が、伝統宗教からその装いを剝《は》ぎ取ったうえで、そこに独自の価値や意味を新たに付加していることを物語っている。

参拝者の急増は、伊勢神宮にとっては喜ばしいことかもしれない。だが一方で、そうした現象の背後に、伝統宗教が人々の自由な嗜好《しこう》の対象に成り代わっているという状況を指摘することもできるのである。

2010

「人の死」における宗教的視点の意義

7月17日、改正臓器移植法が全面施行された。今回の改正のポイントは、概《おおむ》ね以下の2点に絞られる。

第一に、臓器提供を15歳以上とする従来の年齢制限の撤廃。第二に、本人が生前に移植について拒否の意思を書面や口頭で示していなければ、家族の承諾によって臓器提供が可能になるという点である。

ちょうど1年前、この改正案が国会で可決されてから、メディアの関心は主に1点目に置かれていた。だが、今回の改正における重要なポイントは、実は2点目にある。

この点の改正によって期待されたのは、もちろん臓器不足の解消である。だが実は、その背後には、「人の死」の定義に関《かか》わる重大な問題がある。

というのも、これまでは臓器提供者本人に〝死の瞬間〟の判断が委《ゆだ》ねられていたのに対し、この改正によって、司法的に「脳死は人の死」と事実上、規定されたからである。

それはあくまでも司法上の定義規定であり、死の規定を一律に語るものではないという指摘もある。しかし裏を返せば、それは臓器移植促進という一義的な目的のための、いわば手段的・便宜《べんぎ》的な規定変更にすぎないと言っているのと同じである。だが、生や死に関する便宜的な規定とは、いったい何を意味するのだろうか。

宗教界の一部には、臓器移植促進を一義的な目的とした、こうした「人の死」の規定に対して当初から根強い反発があった。しかし、そうした声もむなしく改正案が可決されると、この規定は既成事実化され、メディアや人々の関心から遠ざかっていった。

こうして日本では、生や死の定義が、実用性や実効性を基準として、便宜的に更新されることになったのである。

だが、事は人間の生と死の本質の理解に関わる問題である。その規定には、（それが司法的なものであれ）おのずと、その意味や目的をめぐる道徳的・宗教的価値観に踏み込まざるを得ない。

したがって、そうした司法的・医学的な規定に対し、今後も宗教的な視点から、より根源的な問いかけを、粘り強く提起し続けていくことは可能であるし、また必要でもあろう。

人間存在の根源に関わる問いに、タイムリミットなどないはずである。

Ⅱ

イスラム教と欧米

2010

フランス「ブルカ禁止法」合憲判決の背景

フランスの憲法評議会は10月7日、「公共の場所で顔を隠す行為」を禁じた法律、いわゆる「ブルカ禁止法」を合憲と判断した。

この法律は、実質的に言えば「ブルカ」や「ニカブ」と呼ばれるイスラム教徒女性の全身を覆《おお》う衣服を対象とするものである。

今回の判決によって、すでにフランス国民会議の上・下院を通過していた同法案が違憲の嫌疑を退け、来春には正式に施行されることになった。

事の発端は、1989年に起きた「スカーフ問題」にある。パリ郊外の公立中学校へ通うムスリムの女生徒3人が、校内でスカーフを外すことを求めた校長の命令を拒否し、退学処分になったという出来事である。

その後、2004年に公立学校での「目立った宗教的シンボル」の着用を禁じる法律「スカーフ禁止法」が制定された。ブルカ禁止法では、適用範囲が公立学校はもとより、公共の場所全般を含むという点で、ムスリムにとっては一層厳しい内容となった。

フランスでは、1905年に政教分離法が制定されているが、それは「ライシテ」と呼ばれる同国固有の政教分離の考え方に基づいている。重要なのは、その発想の源流が、1789年のフランス革命にまでさかのぼるという点である。

つまりライシテの思想は、市民が自らの力で、カトリック教会の聖職者や貴族からその特権を剝奪《はくだつ》し、市民社会を世俗の場にするという重大な決意表明によって支えられてきたのである。

このフランスのライシテは、アメリカにおける政教分離の思想とは大きく異なっている。アメリカの政教分離は、基本的にはプロテスタント諸教派によるルール規定といった性格を色濃く持っていた。これに対し、フランスのライシテ思想の原点は、何よりも反カトリック（反宗教）の姿勢を貫くことによる、非宗教的な市民社会の形成にある。

同じ政教分離の国家であるにもかかわらず、しばしば両国における公共の場での宗教表現に対する態度が対照的だといわれるのは、以上のような歴史的事情の違いが関係していると思われる。

2010 EU諸国「イスラモフォビア」の背景

前回は、ムスリム女性の全身を覆《おお》う服装「ブルカ」の公共の場所での着用を禁止する法制度が、フランスで可決された問題について取り上げた。

いまやこの問題はフランス国内に留《とど》まらず、他の欧州諸国にまで広がりを見せている。つまりこの問題には、政教分離をめぐるフランス固有の問題以外の要因も深く関《かか》わっているのである。

欧州諸国の中で近年、公共の場でのブルカ着用を禁止する流れにあるのは、ベルギー、イタリア、スペイン、オランダなどである。その法制化のあり方は、国レベルから自治体レベルまで、国によって異なる。いずれにしても、欧州においてイスラム教に対する警戒心が顕著な高まりを見せ始めたことは確かだ。

もとより欧州では、第二次大戦直後から徐々にムスリム移民の流入が続いていた。欧州諸国は、かつて自らの植民地だった南アジアや中東、アフリカなどの地域からの移民を、基本的には寛容の態度で受け入れた。もちろんそこには、安価な労働力の調達という実利的な目算もあっただろう。

現在、ＥＵ（欧州連合）27カ国におけるイスラム系住民は約２千500万人といわれている。ＥＵ諸国総人口（約５億人）の約５％に当たり、２０５０年までには、さらなる急増が予想されている。

近年、イスラム教に対する欧州市民の警戒感が高まった背景には、やはり２００１年の９・11テロがある。それに加え、より最近のブルカ禁止の流れの背景には、ＥＵにも影を落とす世界不況がある。

国民の鬱屈《うっくつ》した感情のはけ口が、〝よそ者〟であるイスラム教徒に向けられる。特に、なかなか西洋文化に溶け込もうとせず、あくまでもイスラム教の伝統的価値観にこだわり続ける移民たちの姿に、違和感を抱くＥＵ諸国民は少なくないようだ。

「イスラモフォビア（イスラム嫌悪）」とも呼ばれるこうした今日の潮流の中に、ベルギーやイタリアといったカトリックの伝統の強い国とともに、「自由と寛容」の伝統を誇りとするオランダまでもが含まれることは、この問題の根深さを物語っている。

いずれにせよ、イスラム教との共存をいかに図っていくかは、今後なお、EU存続の鍵《かぎ》を握る重要な問いの一つであり続けるだろう。

2011

コプト教会問題に見るカトリック教会の影響力

エジプトでは現在（2月）、民衆の大規模デモにより、30年間続いたムバラク政権が崩壊するという事態に至っている。

今回の騒動が起こる前の先月1日、エジプト北部の街アレクサンドリアで、キリスト教の一派であるコプト教会を狙《ねら》った自爆テロがあり、多数の死傷者を出す大惨事が起こった。

事件の真相はいまだ明らかにされていないが、事件後、エジプト治安当局は、国際テロ組織アルカイダに触発された国内のイスラム過激派による犯行の可能性を示唆した。さらに、犯行の動機として、近年顕著になってきたイスラム教徒とコプト教徒との対立を煽《あお》る狙いがあった可能性も指摘されている。

コプト教とは、キリスト教「東方正教会」に属する一派で、教会としての歴史は5世紀にまでさかのぼる。

キリスト教の正統教義は、イエス・キリストに神性と人性を認める「両性説」を採《と》るが、コプト教はキリストに神性のみを認める「単性説」を採る。

7世紀半ば、エジプトがイスラム勢力下に置かれて以来、コプト教徒は同国内で被支配的立場に甘んじてきた。だが、イスラム教を国教とする現在のエジプトでも、コプト教徒は人口の約1割を占める。

一方、ローマ教皇ベネディクト16世は今回の犯行を厳しく非難し、宗教的少数派を守る必要性を中東の各国政府に呼びかけた。これに対し、エジプト政府側は「内政干渉」として反発し、駐バチカン大使を召還する事態にまで発展した。

教皇を擁《よう》するカトリック教会と、コプト教会が属する東方正教会は、1054年に正式に分裂している。にもかかわらず、今回の事件でローマ教皇がコプト教会を全面的に擁護するのは、もちろん両者がイスラム教に対するキリスト教の〝同志〟

だからである。だが、そこからは、カトリック教会の特質も浮き彫りになる。「カトリック」とは「普遍的な」という意味である。それは、教皇が全キリスト教会の〝首位性〟を持つとするカトリック教会自身の主張に基づいている。もちろん東方正教会を含め、ほかのキリスト教会は、その主張を認めない。

だが一方で、今日の国際社会において、ローマ教皇が最も発言力を持つキリスト者であることも事実である。その意味では、今回のコプト教会問題に対するローマ教皇の発言は、自らの〝普遍性〟の認識においても、また実際の国際的な影響力においても、カトリック教会の特質をよく表していると言えるだろう。

2011

イスラム教と民主主義——共存の可能性は？

いま「中東」が揺れている。

今年に入り、チュニジアに端を発した反体制運動は、まずエジプトに波及し、その後バーレーンやリビアにおいても、政府と反政府勢力との激しい対立が起こっている。さらには、イエメン、ヨルダン、モロッコなどでも反体制運動が活発化しているという。

国によってその背景や現状は異なるが、いくつかの共通点が指摘されている。第一に、独裁体制の長期化に対する市民の不満という「政治的側面」。第二に、高い失業率や食料価格の高騰《こうとう》といった「経済的側面」。第三に、反体制運動がフェイスブックやツイッターといったネットメディアによって加速されたという「メディア的側面」。この3点である。

つまり、今回の一連の政変劇は、何らかの宗教的要因に基づくものではない。その意味では、1979年のイラン革命のような宗教的政変とは性格を異にする。

とはいえ、こうした国々の再構築の過程では、何らかの形でイスラム的な価値観が関《かか》わってくるに違いない。だとすれば、問題として浮かび上がるのは、「イスラム教国に民主主義は可能か？」という問いであろう。

これに対し、「イスラム教には厳格な宗教法（シャリーア）があり、一方で、主権在民の発想がないために民主主義は難しい」といった声もある。しかし、シャリーアの適用のあり方は国によって異なるし、トルコに見られるように、イスラム教と民主主義の共存を図る試みも実際に行われている。

今日の国際情勢における宗教問題を考える際に一つの鍵《かぎ》となるのが、「政教分離」という観念である。これは、今後の中東情勢についても当てはまる。現段階では、この問題は表面化していないが、いずれは何らかの形で表れてくるであろう。前回取り上げたエジプトのコプト教会の事例も、まさに「政教分離・信教の自由」に関わる問題にほかならない。

いずれにせよ、現在劇的な政変を経験している中東諸国の今後の情勢は、いまだ不透明である。ただわれわれとしても、今後の中東情勢を、石油価格といった日常的な関心もさることながら、イスラム教と民主主義の共存の可能性を探る壮大な歴史的実験として捉《とら》えてみてはどうだろうか。

いささか不遜《ふそん》に聞こえるかもしれないが、今回の政変劇は、絶好の〝学習機会〟を与えてくれるに違いない。

2011

東日本大震災と「神義論」

ローマ教皇ベネディクト16世が、4月22日放送のイタリア国営テレビの番組で、「東日本大震災」で被災した7歳の日本人少女の質問を取り上げた。それは「日本の子供たちは、なぜこんなに怖くて悲しい思いをしなければならないのですか?」という質問であった。これに対し、教皇は「私も同じように〝なぜ〟と自問しています。いつの日か、その理由が分かり、神があなたを愛し、そばにいることを知るでしょう」と答えている。

この少女の切実な問いは、実は2千年にわたるキリスト教神学の伝統の中でも最も重く、かつ困難な問題の一つであった。言い換えれば、それは「善良なる神が創造したこの世界に、なぜ、かくも悲惨な状況(不条理、悪)が許されるのか?」という問いである。

こうした問いに対し、西洋の神学や哲学の伝統の中で、神の全能性や世界の最善性を弁護しようとする議論が生まれた。それは、神の「義《ただ》しさ」を弁護する議論としての「神義論」や「弁神論」と呼ばれるものである。

ところが18世紀半ば、そうした神義論の試みを根本から揺るがすような大震災が起こった。1755年に発生した「リスボン大地震」である。マグニチュード8・5の大地震と、それに続く大津波と大火災によって、6万人を超す犠牲者が出たといわれる。ポルトガルの中でも、特に首都リスボンは壊滅的な被害を受けた。

このリスボン大地震は、政治・経済・社会といった側面はもとより、思想史的にも大きな意味を持つ出来事であった。

当時のフランスを代表する啓蒙主義思想家・ヴォルテールは、この地震が発生した後、この世のすべての不条理や悪をも神の予定調和の内にあるとする神義論の見方を厳しく批判した。

以降、自然の猛威をめぐる言説は、神学的な説明から科学的な説明へと大きく舵《かじ》を切ることになる。つまり、思想史的に見れば、神義論的な議論は、どれも「ポスト・リスボン（リスボン大震災の後）」の時代にあると言えるだろう。

このことが意味するのは、宗教的な見方からすれば、想像を絶するような惨状を前に、人間はただ言葉を失うよりほかはないということではないか。冒頭のローマ教皇の言葉は、そうした文脈の中で理解されるべきものではないだろうか。

2011

「物語」の回復と宗教の可能性

前回、この世界が全知全能の神によって創造されたはずならば、なぜ、かくも耐え難《がた》い苦難や不条理が生じるのかという問題について取り上げた。

こうした問いに対する宗教的・神学的な回答（神義論）が、公共的空間全体の中で科学的な説明と同等の権利を失ってからすでに久しい。自然現象を説明しようとする試みは、いまや科学の専売特許である。

とはいえ、人は必ずしも科学的な説明にのみ満足するわけではない。

むしろ、人はしばしば、ある苦難や不条理が、なぜほかの人ではなく、この私に、あるいは、なぜ私にではなく、大切なあの人に起こったのかについて思い悩む。それは、自らの生の根源に関《かか》わる問いにほかならない。

人が求めているものは、単に現象についての説明ではない。むしろそれは、科学的には〝偶然〟としか説明できない出来事に対して、なんとか〝必然〟的な意味づけを与えようとする試みと言えよう。それは、必ずしも壮大な神義論という形を取らなくとも、やはり、ある種の宗教的価値観を背景とする場合が多い。

実際、人類史において、偶発性を必然性として捉《とら》えるこうした意味づけの試みに対し、一定の「物語」の筋書きを提示してきたのが、伝統的な諸宗教の教えや世界観であった。物語とはいえ、何も作家による創作を意味するわけではない。広い意味で物語とは、言葉を用いる人間が、自らの生に意味を与え、それによって生きる希望や勇気を紡《つむ》ぎ出そうとする営みと言える。

その場合、作家による創作としての物語が、往々にして過去の出来事をテーマにするのに対し、生の意味づけとしての広義の「物語」は、おぼろげながらも、未来の自分の姿につながる希望的観測という性格を持っている。

つまり物語とは、何らかの形で自らの未来の到達点に収束するイメージによって可能となるものである（「頑張ろう」という言葉も、それが何らかの〝希望的観測の物語〟という性格を持つ場合にこそ、力を発揮する）。実際に、諸宗教が提示してきた救済に関する教えも、常に未来形で語られてきたことが思い起こされる。

おそらくいま、宗教に期待されているのは、被災地でのボランティアのような具体的な活動であろう。だが同時に、宗教には、歴史的に自らが担ってきた〝物語喚起能力〟を、もう一度回復する可能性が試されているとは言えないだろうか。

9・11から「アラブの春」へ——米国同時多発テロから10年

あのアメリカ同時多発テロから10年を迎える。

ちょうど半年前に起こった未曾有《みぞう》の大震災からの復旧・復興のただ中にある多くの日本人にとって、「9・11」は、すでに記憶の片隅に追いやられてしまった出来事かもしれない。

だが、超高層ビルに旅客機が衝突するあのシーン、2棟のビルが崩壊していくあのシーンは、やはり現代人の記憶に深く刻まれているに違いない。

あれから10年、イスラム世界には、大きな変化の波が押し寄せてきた。

今日のイスラム世界といっても内実は多様である。その動向は、大まかに二つのグループに分けて考えると分かりやすい。自らの主張貫徹のためには武装闘争をも辞さない「過激派」と、それ以外のグループ（「穏健派」）である。「穏健派」は、聖典教育や福祉活動など、イスラーム信仰を地道に実践する人々であり、数のうえでは「過激派」に比べて圧倒的な多数派である。だがもちろん、テロ行為に象徴されるように、国際政治に対して与えるインパクトは「過激派」のほうが圧倒的に強い。

特に9・11以後の10年は、実際に「過激派」によるテロ活動が頻繁《ひんぱん》に起こり、その結果、非イスラム世界を中心に「イスラモフォビア（イスラム嫌悪）」が広がった。

そして9・11から10年を迎えた今年、イスラム世界の転機を象徴するような出来事が相次いで起こっている。

まず、今年初めから、チュニジアに端を発した民衆蜂起《ほうき》が周辺のアラブ諸国へ次々と飛び火し、エジプトを経て、ついにはリビアにまで波及した。いわゆる「アラブの春」といわれる民主革命の動きである。

一方、そうした一連の歴史的政変劇のさなかの5月、米軍はアルカイダの指導者ビンラディンの暗殺を実行した。

この「アメリカの大義」をどう評価するかはともかく、偶然にも同時期に起こった「アラブの春」とビンラディン暗殺が、イスラム世界の大きな転換点であったことは間違いないだろう。少なくとも表面的には、ビンラディンの死によって象徴される「過激派」の退潮と、「アラブの春」によって象徴される「穏健派」の躍進である。

とはいえ、現在進行中のアラブ諸国の民主化が今後どのような方向へ進むかは、実は誰にも予想できない。

いまから10年後、私たちはどのようなイスラム世界を見ているのだろうか。

2011

ブータンの「国民総幸福度」が示すもの

先ごろのブータン国王の結婚は、日本のメディアでも話題になった。もっとも「ブータン」と言われても、多くの日本人にはあまりピンとこないだろう。ブータンは中国とインドに挟まれたヒマラヤ地方の小国である。面積は九州とほぼ同じで、人口は約70万人。王国であると同時に、チベット仏教を国教とする唯一の独立国でもある。

親日国としても知られ、「東日本大震災」の発生からわずか1週間後の3月18日には、ブータンから100万米ドル(約8千万円)の義援金が寄せられた(これは、ブータンの一人当たりの国民総生産比からすれば驚くべき額である)。結婚した現国王も親日家で、11月中旬に事実上の新婚旅行として来日する予定だ。

このブータンは、前国王が「国民総生産」(Gross National Product, GNP)ならぬ「国民総幸福度」(Gross National Happiness, GNH)という考え方を提唱したことで知られている。国民生活の実態を探る指標として、経済的な豊かさではなく、精神的な豊かさという価値観の意義を唱えたことで大きな注目を集めたのだ。

実際に、2006年に行われた「国民総幸福度」の調査では、ブータンは上位の西欧諸国と肩を並べ、8位に入っている。ブータン国民の約9割が「自分は幸せだ」と感じているという。ちなみに、GNPで世界第2位(当時)の日本は、GNHでは125位であった。

もちろん、幸福という価値は主観的なもので、数値で測れるようなものではない(のちに前国王は、自分が「幸福感」で意味したかったことは、人生の「充実感」だったと述べている)。

また、ブータンも国家の経済成長を目指している。だがそれは、伝統文化の継承や自然環境の保全、良き政治(統治)といった目標とともに追求されるべきものとされる。つまり、ブータン国家の成長の究極的な目的は、あくまでも国民の〝心の豊かさ〟の実感にあるのだ。

こうした価値観の根底にあるのは、大乗仏教の利他心や慈悲心だといわれている。経済活動を循環させる根本的な動機が、利己的な物質的欲望ではなく、むしろ人々が幸福を実感するための利他的な精神にあるということだろう。

このようなブータンの文化には、グローバル経済の荒波に翻弄《ほんろう》される今日の先進諸国が見失いつつある、人間社会にとっての根源的な価値観が示されているとは言えないだろうか。

とりわけ、政治・経済はもとより、社会的にも疲弊している現在の日本にとっては、学ぶべき点は少なくないはずである。

2012 大震災と宗教的支援活動

〝あの日〟から、ちょうど1年になる。

テレビなどでも報じられてきたように、東日本大震災直後から、被災地では官民を問わず、さまざまな規模での救援活動・ボランティア活動が展開されてきた。

多くの宗教団体も、それぞれ積極的な救援活動を行った。仏教諸宗派をはじめ、キリスト教諸教会や新宗教団体も多く名を連ねている。天理教でも、専門家の間では「質・量ともに自衛隊に次ぐ」と評される災害救援ひのきしん隊を派遣し、大規模な救援活動を展開した。

また、教団単位の組織的な支援活動に加え、個人や教会・グループ単位でも、多くの宗教的ボランティア活動が繰り広げられた。寺や教会などの宗教施設の多くも、被災者の避難場所や救援活動の拠点として開放された。

宗教団体や宗教者によるこうした活動については、その実態の割に、メディアにほとんど取り上げられることはなかった。この傾向はいまでも続いているが、阪神・淡路大震災のときと比べると、多少の変化の兆しを見ることもできる。

その背景には、阪神・淡路大震災とオウム真理教事件が起こった1995年以降、メディアやアカデミズムの領域で〝宗教の公益性〟に対する関心や期待が徐々に高まってきたという事情がある。「無縁社会」ともいわれる今日の日本社会で、宗教が果たすべき役割に、何らかの期待が寄せられつつあるのも頷《うなず》けよう。

実際に宗教研究の分野でも、この10年ほどの間に「社会参加する宗教」や「宗教の社会貢献」といったテーマが大きく浮上してきた。また今回の震災を機に、宗教者と宗教学者が連携して「宗教者災害支援連絡会」が立ち上げられた。宗教・宗派の違いを超えて、宗教者・宗教団体による災害支援の情報交換を行い、それぞれの活動の拡充を図ろうというものである。

一方、信仰者の側からすれば、自らの行動は「ボランティア」や「社会貢献」といった意識のもとではなく、信仰者として日常的に実践する人だすけの延長としての行動であったはずである。信仰者にとって救援活動は、教えの具体的な発露《はつろ》以外の何ものでもないだろう。

メディアやアカデミズムを中心に、特定教団の外部から、教団的な壁を越えた形での宗教の公益性への期待が高まりつつある中で、宗教の側は、教えに基づく社会的実践をいかに展開するべきなのか。直接的な布教活動との関係をいかに捉《とら》えるべきなのか――。

今回の震災を機に、信仰に根差した実践も、すでに新たな局面の中で、新たな課題を担い始めているのかもしれない。

2012

ムハンマドとイエス──偶像崇拝禁止をめぐって

イスラム教の預言者ムハンマドを冒瀆《ぼうとく》した映像が米国からインターネットで配信されたことで、中東イスラム圏諸国の激しい反発を招いている。その後もフランスの週刊紙がムハンマドの風刺画を掲載し、さらにイスラム教徒の怒りを増幅させている。

ムハンマドの風刺画をめぐる問題は、これまでも西洋諸国で何度か起こっているが、今回の場合は、その冒瀆の度合いが特にひどいと受け取られている。いずれの場合も、衝突の根幹にあるのは偶像崇拝の禁止をめぐる問題である。イスラム教では、神はもとより預言者も偶像崇拝の対象になることが厳しく禁じられているため、それがなされることは冒瀆以外の何ものでもない。

これに対して西洋諸国は、表現や報道の自由という観点から自らの立場を正当化する。今回の一連の出来事も、こうした対立の構図そのものは基本的には同じである。

日本人には分かりにくいが、そもそもムハンマドは偶像化が断固禁じられる一方で、同様の立場のキリスト教のイエスのイメージは、教会はもとより、美術館からネット空間、ハリウッドからブロードウエーまで世界中の至るところに氾濫《はんらん》している。これは、なぜだろうか？

同様の〝教祖的〟立場にあるとはいえ、実はムハンマドとイエスには大きな違いがある。前者が「預言者」であるのに対し、後者は「神の子」とされているという点である。

つまり、キリスト教の正統教義によれば、イエスは十字架で磔刑《たっけい》に処された人間でもあり、またその死によって人類の罪を贖《あがな》った救世主（＝神）でもあるとされるのだ。

これは、にわかには理解し難《がた》い教理である。キリスト教に対するイスラム教の批判の根も、まさにこの点にある。つまり、イスラム教からすれば、イエスは神の言葉を預かる預言者としてならば認めるが、その場合、預言者はあくまでも人間であって神ではない。この原則を破ったのがキリスト教のイエス・キリストの解釈（キリスト論）であり、それは偶像崇拝にほかならないのである。

一方、キリスト教にとって、イエスや聖書の物語を絵画で表すことは、古くから信者の信仰を涵養《かんよう》するうえで欠かせない手段であった。キリスト教信仰の焦点はイエスにこそあるため、彼の生きざまや十字架での死をいかに鮮明にイメージできるかということが、クリスチャンにとっての信仰の要諦《ようてい》を成すのだ。

偶像崇拝禁止をめぐるイスラム教とキリスト教との態度の違いは、このように両者の教義の根幹に関《かか》わるものなのである。

2012

「第二バチカン公会議」開幕50周年

いまからちょうど50年前、ローマ・カトリック教会で「第二バチカン公会議」と呼ばれる大規模な会議が開幕した。

日本人にはあまり耳慣れないが、「公会議」とはカトリック教会が最重要課題について議論するための会議で、古代ローマ帝国の時代から続いてきたものである。

第二バチカン公会議は時の教皇ヨハネ23世によって召集され、1962年10月に開幕。以後65年12月までの4年にわたって、毎秋各10週間開催され、全世界から多くの聖職者が参加した。この公会議で新たに決定されたのは、個別の正統教義というよりも、むしろ世界や他宗教に対する教会自身の〝現代化（アジョルナメント）〟という、より大きな方針であった。

この〝現代化〟によって、長い間、自らの理念や制度、儀礼のあり方に固執しながらも近代社会には背を向けていると批判されてきた教会が、そうした課題に対し、より寛容で開かれた姿勢で臨むようになった。それは従来のカトリック教会のあり方を根本的に刷新するものであった。

たとえば、それまではラテン語のみで執り行われていた典礼（カトリックの儀礼）が、それぞれの母国語で行われ、典礼の様式も個別の文化に根差したあり方が模索されるようになった。

また、他の信仰には救済の可能性を認めていなかったカトリック教会が、この公会議において、同じキリスト教諸教会・諸教派はもとより、ユダヤ教やイスラム教までも唯一の神において結ばれているものとして捉《とら》えた。こうした姿勢は、他宗教に対するカトリックの態度を大きく転換することになったのである。

だが今日、聖職者の間でも、第二バチカン公会議についての評価は分かれている。保守派が、教会の世俗化を促進させた要因として、この公会議に責任を帰そうとする一方で、改革派は逆に、公会議の精神が次第に失われつつあることを憂慮している。

いずれにせよ、第二バチカン公会議が、それ以後のカトリック教会の方向性を決定づけたことは確かである。そしてこの50年間、教会の勢力が大きく低迷してきたことも事実である。その原因を公会議に帰すべきなのか、それとも抗《あらが》い得ない時代の変化にその遠因を見るべきなのか、判断は難しい。

ただ一つ言えることは、教会が適応するにせよ、あるいはしないにせよ、それは教会自身も晒《さら》されている〝時代の変化〟を「参照項」として、初めて可能になる選択肢であったという点である。教会もまた、やはり近代の精神史的な力学からは、決して逃れることのできない存在なのである。

2012

米国の「大きな政府」をめぐる選挙

11月6日の米国大統領選挙で、現職で民主党のオバマ氏が共和党候補のロムニー氏を破り、再選を果たした。4年前に旋風を巻き起こし、しかも現職というだけで優位に立つはずのオバマ氏が、最後まで接戦を強《し》いられた。その背景には、政府の役割をめぐる考え方の違いがある。

ロムニー氏は、政府の財政支出を限定して市場の自由に任せる「小さな政府」の必要性を訴えた。一方のオバマ氏は、1期目に行った医療保険制度改革や自動車産業の救済措置に象徴されるように、必要ならば大規模な財政投入もいとわない。これは、共和党からすれば「大きな政府」にほかならず、それゆえオバマ氏は「社会主義者」と揶揄《やゆ》されたのである。

「大きな政府」という表現は、米国では否定的に用いられることが多い。共和党支持者に根強い米国の伝統的価値観からすれば、「自分の健康くらいは自分で守るべきであり、政府は余計な口出しをするな」というわけだ。これは日本はもとより、他の先進国と比べても、かなり特異な心性と言えよう。

確かに、歴史をさかのぼれば、清教徒（ピューリタン）の移住から米国誕生に至る中で特に顕著なのは、カトリック教会や英国国教会からの決然たる独立の意志であった。独立革命も、宗教的な独自性を持った東部13州が、英国の課税に対して同盟を組んで勝ち取ったものだった。

そうした意味で、連邦政府が教皇庁や国教会のような巨大な権力機構となることに極力抵抗しようとする〝DNA〟が、いまでも多くの米国民に備わっているのではないかとさえ思えてくる。今回の選挙でも、共和党支持者の最右翼に、政府に厳しい財政削減を訴える「ティーパーティー（茶会）」の存在があったことが、これを象徴している。

米国で、市民による銃（武器）所持の権利が今日まで憲法（合衆国憲法修正第二条）で保障されてきたのは、武器を連邦政府に対抗するための手段と見なす心性が根強く存在したからだ。政府を「お上《かみ》」と呼び、豊臣秀吉の時代に刀狩《かたながり》を経験した日本人には、理解し難《がた》い国民性だろう。

とはいえ、今回はオバマ氏が勝利した。これは米国民の心性に、静かながらもすでに生じつつある一種の〝文化的地殻変動〟の証しと見ることも可能かもしれない。人口統計的には、米国では移民などによって、非白人の割合が今後も上昇することになる。そうなれば、〝国教的なるもの〟としての「大きな政府」に対抗しようとする米国民の〝DNA〟が、さらに希薄になっていく流れは避けられまい。

今回の大統領選からは、両候補の表立った経済政策上の対立に加え、こうした米国の深層的な宗教―文化的変動の兆候も指摘できるのではないだろうか。

2013

教皇の聖書的〝根拠〟をめぐって

ローマ・カトリック教会の266代目の教皇に、アルゼンチン人のベルゴリオ枢機卿《すうききょう》が選出され、「フランシスコ」として就任した。史上初の南米出身の教皇の誕生である。

新教皇の名前は、中世の托鉢《たくはつ》修道会「フランシスコ会」の創設者、アッシジの聖フランチェスコから採《と》られている。自らも清貧を尊び、母国アルゼンチンで貧しい人々の救済のために活動してきた新教皇の経歴や信仰信念からすれば、絶妙な選択と言えよう。アッシジの聖フランチェスコとは、自らの財産を投げ出し、貧しい者と共にイエス・キリストの道を歩んだことから、〝第二のイエス〟ともいわれた人物だからである。

そもそも教皇とは、キリスト教諸教会の中でもカトリック教会のみが自らの統治者として奉ずる立場である。日本のカトリック教会は、その〝教える〟という役割を重視して「教皇」と呼ぶが、日本とバチカン市国との外交上の正式な日本語表記は「法王」であるため、多くの日本のメディアは、この表記を用いている。

教皇という立場は、実は聖書には明記されていない。これは古代末期に、当時のローマ教会が自らを他の司教区座に対して優位な立場にあるとする〝首位権〟を主張し始めた際に、教皇（Papa）という名称をローマ司教に対してのみ特権的に用いたことに端を発する。

キリスト教は３１３年に、コンスタンティヌス皇帝によってローマ帝国の公認宗教となる。その後、皇帝は、イエスの弟子だった使徒ペトロの墓所とされていたバチカンの丘に教会堂を建てた。それは、公認以前の迫害時代に、ペトロが皇帝ネロの迫害によって殉教を遂げた場所がバチカンの丘だったという伝承に基づいている。

そしてローマ教会は、ペトロとローマ教会の関係を新約聖書「マタイ福音書《ふくいんしょ》」にあるイエスの言葉をもとに正当化した。イエスはペトロに対し「あなたはペトロ（岩）。私はこの岩の上に私の教会を建てる」と述べ、「私はあなたに天の国の鍵《かぎ》を授ける」と語っている。ローマ教会は、ここでの「ペトロ」という語を、一般名詞で「岩」を意味する〝ペトロ〟に重ねて理解することで、彼こそがイエス自身から教会に対する権威を委譲された「イエスの代理人」であるとした。こうしてペトロは初代の教皇と見なされ、その後の教皇は「ペトロの後継者」として位置づけられたのである。

教皇をめぐるこうした神学的解釈は、カトリック教会以外のキリスト教諸教会では受け入れられていない。だがカトリック教会にとっては、教皇の存在こそが、まさに教会そのものの〝存立根拠〟であるため、この点はどうしても譲ることができないのである。

2013

同性婚をめぐる米国の動向と背景

６月26日、米国連邦最高裁は、同性婚の権利を容認する初めての判決を下した。

米国ではすでに10年ほど前から、州法レベルで同性婚を認めるか否かについて、市民を巻き込んだ議論が活発化していた。

たとえばカリフォルニア州では、一度は州法で同性婚が容認されたものの、その後の住民投票によって再び禁止されるなどの曲折を経ていた。また連邦法でも、１９９６年に制定された「婚姻擁護《ようご》法」によって、「結婚は男女間に限る」と規定されていた。

今回、連邦最高裁は、同性婚カップルの権利を否定するこの婚姻擁護法を「違憲」と判断したのである。

同性婚容認の動きは、実は米国のみならず、欧州や南米でも近年、急速に広まっている。宗教史的に見て興味深いのは、こうした動きが、プロテスタントを背景とする北欧諸国はもとより、南欧や南米諸国など、伝統的なカトリック国においても着実に広がっているということである。

こうした広範な動向の背景には、もちろん人々の意識の変化がある。それは、いわゆる性的マイノリティー（少数派）の問題だけではなく、人間の価値観やライフスタイルそのものに多様性を認めようという寛容、あるいは包摂《ほうせつ》の精神の表れとも言えるものだ。

もちろん、さまざまなマイノリティーに対する差別は、世界的にいまだ根強く残っており、ネット空間では他者への誹謗《ひぼう》中傷が蔓延《まんえん》している。

しかし一方で、近年の人文科学では、そうした排他的な姿勢は、自分もまた「認められたい」という〝承認欲求〟の裏返しだともいわれている。実際に、ネット世代の若者が重視する価値観の一つは、「正義」よりもむしろ「公平性」だといわれているのは示唆的である。

いずれにせよ、ますます多様化する価値観やライフスタイルを、これまで批判的に捉《とら》えてきた保守的なキリスト教会にとって、こうした動向は新たに突きつけられた課題である。特に、この30年ほど「保守回帰」の傾向が顕著に見られた米国の宗教情勢は、今後大きな変容を経験していくことになるだろう。

2013

エジプト騒乱から見えてくるもの

エジプトがまた、大きく揺れている。

7月初めに起こった軍事クーデターにより、1年前に民主的に選ばれたムルシ大統領の権限が剝奪《はくだつ》され、エジプト軍主導の暫定政権が樹立された。しかし、これに対するムルシ支持派の抗議デモが拡大したことを受け、軍はそれを強制的に排除するという手段に出た。その結果、多くの犠牲者を出す深刻な事態に陥《おちい》っている。

今回の一連の混乱は、ムルシ政権発足当初からくすぶっていた火種が、一気に爆発したものと捉《とら》えることもできる。背景には、ムルシ前大統領の政治手腕や彼が属するイスラム主義組織「ムスリム同胞団」への国民の意見対立、景気のさらなる悪化に対する不満など、いくつもの交錯した事情がある。

いずれにせよ、今日の混乱を見れば、「アラブの春」として驚きをもって全世界に報じられた2年前の劇的な政変は、もはや昔日《せきじつ》の感がある。民衆の革命によって独裁政権を倒し、民主的な手法によって樹立されたはずのムルシ政権が、いまや軍隊の介入という最も非民主的な手段で転覆された現実は、まさに皮肉と言うほかない。

9・11以来、イスラム主義勢力がテロという手段で自らの主張を訴えようとする姿を、世界は幾度となく目撃してきた。だから私たちは、イスラムという宗教が何か潜在的に暴力を内包しているのでは、と考えがちだ。しかし、いまエジプトで起きているのは、ムスリム同胞団のようなイスラム主義勢力を制圧しようとする、世俗的な軍隊による暴力にほかならない。

そこから見えてくるのは、それがいかに世俗的で民主的な主張であろうとも、自らの利害の獲得や政治的主張の貫徹のためには、暴力的手段に訴えることも決して珍しくはないという現実である。

たとえ、それがあからさまな暴力という形を取らずとも、実は民主制そのものが自らの内部に、ある種の矛盾を含んだものであることを、今回のエジプト騒乱は反面教師として、私たちに示しているとは言えないだろうか。

2013

教皇フランシスコの新たなビジョン

教皇フランシスコの描く新たなカトリック教会のビジョンが、教会内のみならず、メディアを通じて多くの人々の関心を集めている。

話題になったのは、9月に自らの出身修道会であるイエズス会の月刊誌のインタビューで語った内容である。

その中で教皇は、教会を「野戦病院」に喩《たと》え、細かな規則に拘《こだわ》る狭量さよりも、社会的弱者に対する癒《い》やしや、社会的諸問題に対する寛容さを必要とする旨を訴えている。それは具体的には、中絶や同性婚、避妊といった「性」をめぐる問題に関心を傾注しがちだった従来のカトリック教会の立場を見直そうとする姿勢である。

もちろんそれは、従来の教会の見解を変更しようとするものではない。

新教皇が強調するのは、教理上の規則と慈愛との間に〝新たなバランス〟を見つけることだ。さもなければ「教会の道徳的な体系は、カードで作った家のように崩れてしまうだろう」と語っている。

これは、現代社会の変化に適切に対応しきれていないカトリック教会の現状に対する、教皇自身の危機感の表れである。

こうした教皇の新たなビジョンは、全世界のカトリック教会では概《おおむ》ね驚きと喜びをもって迎えられている。前教皇ベネディクト16世が、社会問題に対して保守的な姿勢を取っていただけに、特にそれは顕著に映るのだろう。

さらに、教皇の発言に対する好意的な反応の要因としては、語られる内容のみならず、その平易な言葉づかいや素朴な語り口も挙げることができる。就任直後から「貧しい人々による貧しい人々のための教会を望む」と語っていた教皇である。信者や社会全体に対し、親しみやすい態度で、より平易な言葉で語りかけるのも頷《うなず》ける。

しかも、そうした非権威主義的で直接的な姿勢は、現在のソーシャルメディア時代においては、実は人々の共感を得るための最大の武器にもなり得るだろう。

今後のカトリック教会が、この新たな教皇のもと、自らの信条に根差しながらも、いかに時代の急速な変化に対応していくのか——。世界が注目するところである。

2013

〝見せる宗教〟としての英国国教会

10月23日、英国王室のウィリアム王子とキャサリン妃の第一子・ジョージ王子の洗礼式が、ロンドンのセントジェームズ礼拝堂で行われた。洗礼を施したのは、英国国教会のウェルビー・カンタベリー大主教である。

多くの日本人にとって英国国教会は、伝統的なキリスト教の教会の中でも、なじみの薄いものの一つだろう。

そもそも英国国教会は、16世紀中ごろ、当時の国王・ヘンリー8世の離婚問題を契機にカトリックから独立した教会である。

ヘンリー8世は、正妃・キャサリンとの離婚を望んでいたが、教義上、離婚を認めないカトリック教会のローマ教皇によって却下された。そこでヘンリー8世は、自らイングランド教会の首長の座に就いたのである。

その後、紆余曲折《うよきょくせつ》を経て、ヘンリー8世の娘・エリザベス1世の時代に、イングランド教会はカトリック教会から正式に分離する。

つまり、英国国教会は、ルター派やカルヴァン派のような神学的な主導によるものではなく、国家的・政治的方針によって独立した教会である。したがって、英国国教会はプロテスタントに大別されるものの、教義や儀礼の面ではカトリック的な要素を色濃く残している。

興味深いことに、こうしたカトリックと英国国教会との類似性は、今日的な意味合いも持ち併せている。というのも、いずれの伝統も、いわば〝見せる宗教〟としての性格を色濃く持っているからだ。

カトリック教会に対するメディアの注目度は極めて高い。教皇庁という組織やその壮麗な儀礼文化は、一見、古色蒼然《こしょくそうぜん》たるものにも思えるが、一方でそれは、グローバルなメディアを通じての〝臨場感〟を与えることにも長《た》けている。

同様のことが英国国教会にも言える。しかも、未来の国王となる王子の洗礼式ともなれば、なおさらである。その意味では、英国国教会もカトリック教会と同様に、〝見せる宗教〟と言えるだろう。これは、牧師の説教が大きな位置を占める他のプロテスタント諸宗派が〝聴く宗教〟であることと対照的である。

メディア的な観点からすれば、英国国教会にとっての英国王室は、まさにカトリック教会におけるローマ教皇庁と同様の機能を、遺憾なく発揮していると言えるかもしれない。

2014

「パレスチナ問題」への一視点

中東、パレスチナ自治区のガザで、イスラエル軍とイスラム組織ハマスとの戦闘によって、多くの市民が犠牲になっている。背景にあるのは、パレスチナという土地をめぐるユダヤ人とアラブ人の対立――いわゆる「パレスチナ問題」である。最近では、日本の新聞やテレビ番組でも、パレスチナ問題の現状のみならず、その歴史的背景についても簡単な解説がなされるようになった。メディアでは、よく「泥沼化」や「出口なき報復の連鎖」といった表現が用いられており、今回の衝突も、まさにそうした印象を裏づける形になっている。

パレスチナ問題の歴史的要因として、しばしばユダヤ教とイスラム教の対立が強調されるが、もちろん、その構図は単純過ぎる。宗教対立がこの問題の重要な側面であることは否定できないが、そこには、より複雑に絡み合った歴史的・地政学的な背景があることも事実である。

にもかかわらず、こうした問題が往々にして宗教対立の構図で語られてしまうのは、当事者が何らかの政治的行動を取り、それを正当化する際、頻繁《ひんぱん》に〝宗教的な根拠〟が持ち出されるからだ。いわゆる「政治による宗教の動員」という手法である。

一方、メディアを通して現状を見聞きしている私たち非当事者の側も、当事者の宗教的な説明を容易に受け入れてしまう傾向がある。それは、単純な宗教対立の構図に見合った説明のほうが〝分かりやすい〟からだろう。しかし、それがかえってドグマ（独断的な説）のような固定観念を作り出すことにつながる可能性がある。

こうして見ると、当事者の説明（事実の正当化）と非当事者の理解との間に、ある種の「相互作用」があるようにも思えてくる。いずれの側も、事態の複雑さを単純な言説に仕立て上げることで、問題の解決に向かうために必要な、粘り強い思考が遮断《しゃだん》されてしまうのではないだろうか。

私たち非当事者が、当事者の「政治による宗教の動員」の作法を見抜くためにも、さらには当の問題をより正確に理解し、その解決の端緒を模索するためにも、その思想的・歴史的背景に関する一定の知識が不可欠なのである。

パレスチナ問題は、その最たる事例であろう。

2014

「イスラム国」勢力急進の1年

宗教という視点から今年の国際社会を振り返れば、やはり「※イラク・シリアのイスラム国」（ＩＳＩＳ）の台頭が際立っている。

「イスラム国」は、イラクとシリアの領土内で、今年半ばから急速に勢力を拡大させてきたイスラム教スンニ派の武装組織である。

元来はイラク北部を拠点としたアルカイダ傘下の一組織であったが、シリアでの内戦に「イスラム国」として軍事介入し、スンニ派と対立するシーア派系のアサド政権を攻撃した。

現在、イラクやシリアにおける国家分裂の〝真空地帯〞を次々と占拠し、多くの油田やガス田を支配下に治めるなどして、軍事面でも資金面でもその社会的基盤を構築しつつあるという。

注目すべきは、「イスラム国」が「カリフ制イスラム国家の復活」をその主張の一つに掲げている点である。「カリフ制」とは、預言者ムハンマドの後継者＝代理人（カリフ）を指導者とする、イスラム共同体（ウンマ）の支配体制である。歴史的には、7世紀のムハンマドの死後、4人のカリフが続いたが、後継の座を巡《めぐ》って対立が生じ、結果的に宗派の分裂にまで発展した。

その後、カリフ制は紆余曲折《うよきょくせつ》を経て、16世紀以降のオスマン帝国で復活し、同帝国が解体する1924年まで続いた。

また、オスマン帝国解体の際、英仏による帝国主義的な分割統治案「サイクス＝ピコ協定」が結ばれ、これが今日の中東諸国分割の大枠《おおわく》となった。そしていま、「イスラム国」が主張するのは、かつての西欧列強によるこの協定の枠組みを否定し、カリフ制を復活させるというものだ。

急進する「イスラム国」は、「カリフによるウンマの統治」という理想を、スンニ派ムスリムの〝統合の象徴〟として再び機能させようとしている。そして、それは同時に、帝国主義時代の西欧諸国による国家の分割、さらには近代西洋的な「国民国家」像そのものに対する強烈な〝異議申し立て〟という性格も含み持っているのである。

宗教史から世界を見ると、ある出来事や主張の見え方が大きく変わることがある。上記の意味において言えば、このイスラム教武装組織が、あえて自らを「国家」（state）と名乗ることと、近代西洋的な国家観に立脚する私たちが、それに対して違和感を禁じ得ないこととは、実は表裏の関係にあると言えるかもしれない。

※……同組織は、「イラク・イスラム国」（ＩＳＩ）、「イラク・レバントのイスラム国」（ＩＳＩＬ）としても知られ、「イスラム国」（ＩＳ）やアラビア語の頭文字の「Daesh《ダーイシュ》」とも呼ばれる。

2015

「イスラモフォビア」の高まりに思う

いわゆる「イスラム国」による日本人人質事件※の悲劇的な結末は、過激派組織による残忍な行為が、「平和主義国家」日本にとっても決して対岸の火事ではないことを示す結果となった。

この状況下でイスラムについて語ることは難しい。だが、パリの新聞社襲撃事件と併せ、欧米諸国はもとより、日本においても「イスラモフォビア」（イスラム嫌悪）のさらなる高まりが懸念される。むしろ、こうした状況下だからこそ、あらためて宗教としてのイスラームについて冷静に考えてみる必要があるだろう。

「イスラム国」を名乗る過激派組織と、世界の大多数のムスリム（イスラム教信者）の信仰生活との違いは歴然としている。

このことは、中東から遠く離れた、ムスリム人口もいまだ限定的な国で生きる私たち日本人には理解し難《がた》いことかもしれない。だが、もしもあのような剝《む》き出しの暴力がこの宗教の本質にあるとするならば、そもそもムスリムの人口が今日のようなグローバルな広がりを見せることは、まずあり得なかっただろう。大多数のムスリムは、日本を含む中東以外の国々においても、それぞれの国や土地の文化の中で〝隣人〟として平和に共存してきた人々である。

歴史的に見ても、イスラム教が他宗教に対して寛容な姿勢で臨んできたことはよく知られている。たとえば8世紀半ばに生まれたイスラム帝国アッバース朝では、諸税を納めた異教徒がイスラム教信仰を強要されることは基本的になかった。また、13世紀末に生まれたオスマン帝国では、人頭税を払ったユダヤ教徒、アルメニア教徒、ギリシア正教徒は、自治の許可さえも得ていたのである。

歴史の常として、もちろんそこには例外もあっただろう。とはいえ、たとえばキリスト教の歴史の中にしばしば見られる〝非寛容〟な態度と比較した場合、イスラム教が持つ寛容の伝統は、やはり際立っていると見るのが公正だろう。

他宗教に対するイスラム教のこうした姿勢は、この宗教が歴史の中で培《つちか》ってきた〝知恵〟である。そしてそれは、まさに今日の世界の大多数のイスラム教徒によって受け継がれている〝精神〟でもあるのだ。

しかしいま、こうした言葉がさして説得力を持たないのだとすれば、さらに付け加えてみたい。浅薄な先入観からイスラム教信仰それ自体に〝悪〟のレッテルを貼《は》ることは、少なくともその思考論理としては、過激派組織が奉じる〝善・悪二元論〟と同型の固定観念にはまり込むことを意味するのではないだろうか。

※……前年、「イスラム国」はシリアで二人の日本人を拘束、15年1月に日本に対し身代金を要求するなどしていたが、人質を殺害した。それまで欧米人ジャーナリストなどを殺害したとする動画を公開してきたが、邦人が犠牲になったのは初めて。

2015

米国とイスラエルの〝特別な関係〟

5月22日、国連本部で開かれていた核不拡散条約（NPT）再検討会議は、会議の成果となる「最終文書」を採択できないまま閉幕した。文書案にあった「中東の非核化を目指す国際会議を来年3月までに開催する」という文言に、米国などが反対したためである。

もしも実際にこの会議が開かれれば、事実上、核兵器を保有するイスラエルに、中東諸国の批判の矛先《ほこさき》が向かうのは必至だ。それを避けたい米国が、この文書案に反対したと見られる。

「〝核なき世界〟に向けた国際社会への働きかけ」が評価され、2009年にノーベル平和賞を受賞したオバマ大統領の米国が、ここでもまた外交上の「ダブル・スタンダード」を露呈した形となった。

もちろん、そもそも外交なるものに〝一枚舌〟を期待するのはナイーブに過ぎる。だが米国の場合、外交政策上の既定路線とも言える親イスラエルの姿勢が、パレスチナ問題を中心とする中東諸国の諸問題の直接的・間接的な要因となってきたことは、看過することができない。

そうした米国の姿勢の背景に、いわゆる「イスラエル・ロビー」の存在があることはよく知られている。これまでの米国の外交政策に関して、ユダヤ系アメリカ人の諸団体が大きな影響力を示してきたことは事実だ。

しかし、それ以外にも、米国の親イスラエルの姿勢には、米国内のキリスト教福《ふく》音《いん》派《は》のある動向が一定の作用を及ぼしてきた。それは「キリスト教シオニズム」と呼ばれ、ユダヤ人の祖国復帰運動である「シオニズム」を米国の福音派キリスト教徒が強く支持するという、一見〝奇妙な〟関係性である。

キリスト教原理主義の終末論の一つ「前千年王国説」では、神からの「約束の地」を回復すること、すなわち〝パレスチナ帰還〟を果たしたユダヤ教徒が、終末の前にキリスト教に改宗し、その後にイエス・キリストの再臨が実現する――。米国の外交におけるイスラエル支持の背景には、そう強く信じる「キリスト教シオニスト」の存在があるのだ。

もちろん、こうした神学的根拠が、これまでの米国の中東政策に常に色濃く反映されてきたわけではない。だが、米国とイスラエルの〝特別な関係〟について考えるとき、このキリスト教シオニズムが、米国側の内発的な動機づけとして一定の力を持ってきたことにも留意すべきだろう。

2015

宗教史から見た〝ギリシャ危機〟

デフォルト（債務不履行）に陥《おちい》る可能性が指摘されていたギリシャが先日、ひとまずその危機を回避した。

一連の〝ギリシャ危機〟のニュースに接し、債務国であるにもかかわらず、終始平然としていたギリシャ首相の態度に驚いた人は少なくないだろう。

特に、同じＥＵ加盟国でありながら、ギリシャに対して厳しい姿勢を貫いたドイツとの違いは印象的だった。この違いはどこから来るのだろうか。ここでは経済や政治の視点ではなく、宗教史的背景から考えてみたい。

ＥＵは、基本的にキリスト教文化圏によって構成される。だが、そのうち西・南・北欧諸国はカトリック、もしくは、そこから派生したプロテスタントの文化圏であるのに対し、ギリシャをはじめとする東欧諸国は「東方正教会」の伝統に属するという大きな違いがある。

11世紀、キリスト教は西ローマ帝国の伝統を継承する「ローマ・カトリック教会」と、東ローマ帝国（ビザンツ帝国）に属する東方正教会に分裂した。

教皇を中心とする中央集権的な世界的統一組織であるカトリック教会に対し、東方正教会は、国ごとに独立した諸教会の〝緩やかな連合体〟を成す。そのため東方正教会には、「ギリシャ正教会」や「ロシア正教会」といった複数の正教会が存在する。つまり、ギリシャの宗教史・精神史は、ドイツやフランスよりも、むしろロシアに近いのだ。

特に興味深いのは、双方の人間観の違いだ。

「原罪」を強調するカトリックに対し、正教会は人間を神の「イコン」（像・肖）と捉《とら》え、人間の自由意思を重視する。東方正教会はカトリックに比べて、より肯定的な人間観を育《はぐく》んできたと言えるだろう。

また、徹底した「原罪」の自覚から宗教改革を興《おこ》したドイツ人神学者マルティン・ルターは、人々の職業を神から与えられた「天職」として捉え、世俗的な職業に宗教的意義を与えた。

これと対照的に、正教会圏では、現代ギリシャ語でもロシア語でも「労働」や「仕事」を意味する語に「奴隷の状態」が含意されている。一見、瑣末《さまつ》に思えることの点も、特にプロテスタント的伝統との比較においては示唆に富む。

もちろん、こうした違いが今回のギリシャ危機の直接的な要因であるわけではない。だが、ギリシャとドイツ、それぞれの姿勢の違いを宗教史的背景から考えてみることで、政治や経済の観点からだけでは見えない側面を、浮き彫りにできるのではないだろうか。

2016

東西教会の融和へ〝1千年ぶりの対話〟

2月12日、ローマ・カトリック教会のフランシスコ教皇と、東方正教会の最大勢力であるロシア正教会のキリル総主教との会談が行われた。1054年に西方ローマ教会と東方の諸教会が分裂して以来初の、約1千年ぶりとなる、まさに〝歴史的な会談〟であった。

この会談で、フランシスコ教皇とキリル総主教は、いわゆる「イスラム国」(IS)などによって、中東や北アフリカでキリスト教徒の迫害が深刻化している事態に鑑《かんが》み、国際社会に対して「暴力とテロの停止」や「対話による平和の構築」への取り組みを呼びかけた。

そもそもキリスト教は、11世紀半ばまで、ローマ教会を中心とする西側と、コンスタンティノープル（現在のトルコ・イスタンブール）を中心とする東ローマ（ビザンツ）帝国内の諸教会を基点として展開した。だが、ローマ教会が教皇の座を「ペトロ（イエス・キリストの一番弟子）の後継者」として特権化したことなどを理由に、教皇と総主教が相互に破門し合ったことで、１０５４年、東西の教会は正式に分裂した。

その後、教皇を頂点とする位階制を敷いたローマ・カトリック教会に対し、東の諸教会は「１民族（国家）１教会」を原則とする東方正教会として展開した。「正教会」が複数存在するのは、そのためである。

皮肉にも、今回の会談は「ＩＳ」によるキリスト教徒迫害という事態を受けて実現した。それというのも、東西教会の分裂直後に興《おこ》った「十字軍」は、当時のイスラム勢力（セルジューク朝）によって聖地エルサレムが支配されたことに対し、東西の教会が「聖地奪回」の大義名分のもと、歩調を合わせて実現したものだったからだ。

ただ、今回の歴史的会談によって〝キリスト教会の一致〟の可能性が見えたとするのは尚早《しょうそう》である。ローマ教皇の権威をめぐる対立が解消しない限り、両教会の統一は実現しそうにない。

だからこそ、今回の会談によって実現された両教会の和解が、「キリスト教対イスラム教」という安易な対立図式を強化するのではなく、キリスト教の枠《わく》を超えた和解の実現につながることを望みたい。宗教間の紛争やテロが世界で頻発《ひんぱつ》するなか、20億人の信徒を抱えるキリスト教が、対話を通じて東西融和の道を模索していることは、各地の紛争解決への道筋を示し得るものだからだ。たとえそれが、いかに困難な道のりであろうとも……。

III

「悲嘆」から「希望」へ

2016 広島演説における〝オバマ大統領の祈り〟

「71年前、明るく、雲一つない晴れ渡った朝、死が空から降りかかり、世界が一変した。閃光《せんこう》と炎の壁が都市を破壊し、人類が自らを破壊できる手段を手にしたことを示したのだ」

オバマ大統領の「広島演説」は、あの日の出来事をあの場所で体験した被爆者であれば――あるいはのちに映像で目にした者ですら――誰もが自《おの》ずと導かれるような心象風景の描写で始まった。

この「広島演説」には、すでに国内外のメディアや識者からさまざまな論評が加えられている。それらは概《おおむ》ね好意的だが、なかには謝罪の是非をめぐるものや、核廃絶へ向けた具体案の欠如を指摘するものなど、批判的な論評も見受けられた。

また、オバマ氏が２００９年の「プラハ演説」やノーベル平和賞受賞演説で語った理想と、今日の世界における核軍縮の現状との間には大きなギャップがあるのも事実である。いずれにせよ、そうした政治的評価は、立場や見方によってさまざまであろう。

だが一方で、今回の「広島演説」が際立っていたのは、それが大統領による施政方針的な演説というよりも、むしろ精神的指導者による〝教導的メッセージ〟のような響きを湛《たた》えていたという点である。

実際にこの演説には、核軍縮への具体的な政策的提案ではなく、オバマ氏自身の精神的・理念的ビジョンを刻印するような表現が散りばめられている。それらによって詩的なイメージが喚起され、ある種の〝深み〟の感覚が創出される。そこにあるのは、素朴な政治的視点とは性質を異にする、あるいは、そうした政治的見解の対立を超えた次元へと向けられる、〝宗教的〟とも言えるような視点ではないだろうか。

背景にある〝神の眼差し〟

「なぜ私たちは、ここ、広島を訪れるのか……」。冒頭に挙げた言葉に続き、オバマ氏はこう問いかける。それは、ここで命を落とした多くの者たちの魂を弔《とむら》うとともに、その語りに耳を傾け、それによって、われわれ自身が何者であり、またどのような存在になり得るのかについて内省するためだ、と彼は言う。

死者の魂の叫びが、今を生きる私たちの道徳的想像力を刺激する。それによって私たちは、戦争を遠ざけ、残虐な行為を受け入れ難いものとするような異なる物語を、人類が一つの家族として共通の存在であることを再認識するような異なる物語を、子供たちに伝えることができるのだ。それこそが「私たちが選ぶことのできる未来」であり、それは「広島と長崎が、核戦争の夜明けとしてではなく、私たちの道徳的覚醒の始まりとして知られるような未来」なのだとオバマ氏は語る。71年前に、ここで亡くなった多くの魂の声を引き受け、それを未来へと語り継ぐこと。「それが、私たちが広島を訪れる理由なのだ」と。

演説を締めくくる「道徳的覚醒」(moral awakening)という表現は、アメリカ宗教史における「大覚醒運動」(The Great Awakenings)を想起させる。これはアメリカの歴史の中で幾度かにわたって起こった、キリスト教プロテスタントにおける信仰リバイバル運動である。この意味での覚醒には、神の存在と自らの罪を新たに自覚したうえでの根本的な「回心《かいしん》」、あるいは「新生」といった意味が含まれている。オバマ氏は「道徳的覚醒」という表現に、こうしたニュアンスを込めたのだろう。

もちろんオバマ氏は、演説の中で明示的に神に言及しているわけではない。むしろ彼が念頭に置いているのは、原爆はもとより、戦争で命を落とした数多《あまた》の人々の魂の語りかけである。

しかし一方で、この演説の背景には、やはりある種の〝超越〟の視点があるという思いを禁じ得ない。言い換えれば、死者の語りとは異なる〝神の眼差《まなざ》し〟である。オバマ氏の言葉から醸《かも》し出されるある種の深みの感覚は、この超越の眼差しに由来するものではないだろうか。

人間と世界の現実に対して

演説全体の構図を見ると、いくつかの対比によって成り立っていることが分かる。それは単なる「理想」と「現実」の対比に留《とど》まらない。「戦争」と「平和」、「暴力的な競争」と「平和的な協調」、「科学革命」と「道徳的革命」、「恐怖」と「勇気」、「過去」と「未来」といった、異なる対照項が重層的に用いられている。

注目すべきは、オバマ氏がこうした対照項のいずれか一方に価値を置くのではなく、むしろその間《はざま》にこそ、「人間性の根本的な矛盾」を見いだそうとしている点である。そして、「あのキノコ雲のイメージ」に、それが最も具体的な形となって現れているのだという。

　この点からは逆に、「アメリカ」と「日本」、「被害者」と「加害者」といった、多くの批評家の関心が向けられるような論争的対比が、あえて避けられていることも浮き彫りになる。オバマ氏は、原爆の問題を、国家間の戦争の中の行為としてというよりも、むしろ「人類史における悪」の問題として捉《とら》えようとしているのだ。

　もちろんこれは、政治的な意味では、原爆投下をめぐる従来の正当化論とは異なる、一種の免責要求にも聞こえるだろう。だが、広島で語るオバマ氏にとって、より重要だったのは、人間は避け難い矛盾を孕《はら》んでおり、世界には避け難い悪が存在するという事実についての、実直な認識だったのではないだろうか。

　こうした視点、つまり、人間に自らの根本的な矛盾を自覚させ、世界における悪についての認識を深めさせてくれるもの。それこそが、この演説では明示的には語られていない〝超越〟の眼差しなのであろう。

◇

オバマ氏自身が控えめに「最も好きな哲学者」と語るアメリカのプロテスタント神学者、ラインホルド・ニーバー（1892－1971）は、「ニーバーの祈り」として知られる次のような言葉を残している。

神よ、変えることのできるものについて、
それを変えるだけの勇気を我らに与えたまえ。
変えることのできないものについては、
それを受け入れるだけの冷静さを与えたまえ。
そして、変えることのできるものと、変えることのできないものとを、
識別する知恵を与えたまえ。

人間と世界の現実に対する誠実な眼差しと、にもかかわらず、その現実を変えていこうとする勇気が共存し得ること、まさにそれこそが、人間の矛盾であると同時

に可能性でもあることを、ニーバーと同様に、オバマ氏もまた、深く信じているのだろう。

オバマ氏が広島の地で語った「道徳的覚醒」とは、何らかの超越的な眼差しに支えられてこそ可能となる、この〝祈り〟にも似た目覚め（awakening）なのではないだろうか。

2016

「サイクス＝ピコ協定」締結から1世紀

今年は「サイクス＝ピコ協定」締結から、ちょうど100年になる。この協定は、第一次世界大戦中の１９１６年、英・仏・露の３カ国で結ばれた、オスマン帝国の分割をめぐる秘密協定である。

この協定によって、現在の中東に西洋的な国民国家体制が導入された一方、オスマン帝国のほぼ中央に境界線が引かれ、その西側はフランス、東側は英国の勢力下に置かれた。現地の民族や宗教・宗派を無視したこの分割が、現在のシリアとイラクの原型となったのである。

ロシアは翌１７年、革命の勃発《ぼっぱつ》によって協定から脱却したこともあり、英国代表のサイクスとフランス代表のピコの名前から、この名称で呼ばれている。

協定締結から100年を経た現在、中東情勢は混迷を極めている。いわゆる「イスラム国」による一方的な建国の大義の中に、この協定によって引かれた国境線の破棄と、「カリフ」（預言者ムハンマドの代理人）によって統治されるイスラム共同体の拡大が掲げられていたことは記憶に新しい。

またシリア内戦も、極めて複雑な国内情勢に加え、大国間の利害も絡み、出口が見いだせないまま、おびただしい数の難民が生まれ、多くの人命が失われている。中東全体が再び秩序を取り戻すまでには、長い時間と多くの尽力を要することは間違いない。

歴史的に見れば、そもそも近代の国民国家体制は、17世紀半ば以降、キリスト教的秩序からの長い移行過程を経てヨーロッパに定着したものである。サイクス＝ピコ協定は、西欧列強による植民地主義的な国境画定の試みの結果として生まれたと言えよう。かつてイスラム教の大帝国として西欧キリスト教世界を脅《おびや》かしたオスマン帝国が、西欧諸国によって強制的に分割されたのだ。そのことが、この地域に住まうイスラム教徒に不満の種を植えつけたことは想像に難《かた》くない。

とはいえ、中東に再び秩序をもたらす体制が、「イスラム国」が説くようなカリフ制になることはあり得ない。多くの問題を含んでいるにせよ、やはり大国の主導のもと、中東の主要国や地域の部族間の利害を調整しながら、より堅固な国民国家的体制を再興する以外に方法はないだろう。そのためにも、今日あらためてサイクス＝ピコ協定と、それによって生じた諸問題から学ぶべき教訓は少なくないはずである。

2016

〝ＢＲＥＸＩＴ〟が示唆するもの

６月、英国のＥＵ離脱の是非を問う国民投票で「離脱派」が勝利し、世界に大きな衝撃を与えた。この『英国のＥＵ離脱問題』は〝ＢＲＥＸＩＴ《ブレグジット》〟（Britain＝「英国」と、exit＝「退出する」の造語）とも呼ばれ、経済・政治はもとより、社会的・文化的な領域にまで及ぶ歴史的事件と受けとめられている。

こうしたＥＵ離脱への動きは、もはや英国だけではなく、深刻な難民問題に直面するＥＵ諸国を覆《おお》う現象となっている。フランスでは、極右政党「国民戦線（ＦＮ）」のマリーヌ・ルペン党首が〝ＦＲＥＸＩＴ〟を訴え、またオランダの極右政党「自由党（ＰＶＶ）」のウィルダース党首も、ルペン氏に共鳴しつつ、〝ＮＥＸＩＴ〟を実現して「オランダのイスラム化を阻止する」との姿勢を打ち出している。

さらにはドイツでも、９月初めに行われた州議会選挙で、難民の積極的な受け入れ政策を進めていたメルケル首相の地元で、これに反対する右派政党「ドイツのための選択肢（ＡｆＤ）」が躍進した。ＥＵ諸国で最も移民に寛大だったドイツにとって、大きな変化の兆しと言えよう。

英国の場合、「離脱派」勝利の背景には、移民流入の一点に国内のさまざまな問題の元凶を求めた保守党の一部と、右派・独立党（ＵＫＩＰ）の政治的レトリックがあったことが指摘されている。このままＥＵに残留し続ければ、英国民が当然享《きょう》受《じゅ》できるはずの雇用や公的便益が移民に奪われていく——というわけである。

目の前の問題の責任を、非常に分かりやすく〝誰か〟や〝何か〟に帰そうとする政治家と、それを支持することで溜飲《りゅういん》を下げようとする国民……。そこでは、移民・難民の排斥に向かう市民感情が、イスラモフォビア（イスラム嫌悪）と結びつく場合が多い。つまり、「反ＥＵ」と「反移民」、「反イスラム」とが三《み》つ巴《どもえ》の様相を呈しているのだ。それはいわば、反知性主義（知識人や知識そのものを嫌悪する思想・立場）と結びついた排外主義であり、これはいまやEUのみならず、米国にも顕著に見られる構図である。

反知性主義的な排他主義の〝空気〟が、世界に蔓延《まんえん》しつつある。逆に言えば、だからこそ真摯《しんし》な宗教的感性と、知性に根ざした包摂《ほうせつ》的な態度が求められているのではないか。宗教教団や宗教者は、この時代の空気を、あえてそのように、自らの積極的な契機（条件）として捉《とら》えることができるのではないだろうか。

2016 米国の〝文化的深層崩壊〟としてのトランプ大統領誕生

まさに歴史的な大番狂わせである。

アメリカ大統領選挙で、ヒラリー・クリントン氏を抑え、ドナルド・トランプ氏が勝利した。

選挙結果から見れば、勝敗の分かれ目は「ラストベルト」（錆《さ》びついた工業地帯）と呼ばれる中西部から北東部の各州にあった。トランプ氏は、かつて製造業・重工業で栄えたこの地域の人々の鬱屈《うっくつ》した感情を、過激な発言や大胆な政策の提示によってうまく掬《すく》い上げ、これらすべての州で勝利したのだ。

したがって、政治的・経済的な視点から見れば、今回のトランプ氏の勝利は「急速なグローバル化に反発する市民的抵抗の表出」とも言えるものであった。その意味で、有権者にとっては合理的な根拠に基づく合理的な投票行動だったのである。

だが問題は、さらに根深いところにある。

そもそも民主主義とは、人々の多様な意見を代弁させるための、単なる一つの政治手法ではない。それは何らかの価値的・倫理的な基盤に支えられてこそ成立し得る政治システムである。米国の民主主義の特徴は、他国にも増して、それがある種の神聖性を持つと信じられてきた点にある。

たとえば、大統領就任式の宣誓の際に聖書に手を置くという伝統は、自らを超越の眼差《まなざ》しの下に置くという意味で、そのことを象徴している。また、先住民族や黒人に対する差別や暴力が繰り返されてきたにもかかわらず、彼らがアメリカという国に対してなおも希望を持ち続けられたのは、そうした問題を解決するための拠《よ》り所《どころ》として、自国の民主主義が持つ神聖性を信じ続けてきたからにほかならない。

従来の大統領選挙においては、感情的で扇動的な候補者はいち早く脱落していった。それは米国民の多くが、そうした候補者が「民主主義の長」として不適格だと判断したからである。子供たちのロールモデルでもある大統領に、どのような人物がふさわしいかは容易に想像できる。

こうした意味で、トランプ氏がメキシコとの国境に造ると語った「壁」という言葉は象徴的である。そこには単に、物理的な意味に留《とど》まらない、価値的・心理的なニュアンスが滲《にじ》み出ている。

もちろん、民主党と共和党の分断や亀裂は決して真新しいものではない。むしろ米国の民主主義は、常にその両極の間で揺れ動きながら鍛え上げられてきた。

だが今回、そうした分断、あるいは融合を可能にしてきた民主主義というプラットフォームの神聖性それ自体が脅《おびや》かされているのだ。そうした意味で、トランプ氏の勝利はまさに、米国の文化的深層崩壊とも言うべき現象であるように思われる。

米国の民主主義の底力が、真に試される4年間になるだろう。

2017

〝ポスト・トゥルース〟時代のリテラシー

「ポスト・トゥルース」（post-truth）。昨年、オックスフォード英語辞典は、この言葉を「今年の一語」として選出した。これは「真理がもはや議論の前提としての意味をなさなくなった」ことを意味するという。作家の池澤夏樹はニーチェの顰《ひそみ》に倣《なら》いつつ、些《いささ》か悲観的に、この言葉に「真偽の彼岸」という訳を当てている。

昨年のEU残留の是非を問う英国の国民投票や米国大統領選では、ソーシャルメディアの浸透によって、大手メディアや既得権層から提供される情報が〝事実〟としての信憑《しんぴょう》性を失ったとされる。

実際にトランプ大統領は、既成メディアの情報を「フェイク（偽の）ニュース」と呼ぶ一方で、自らは連日のように、明らかに事実でないことを、あたかも事実であるかのように呟《つぶや》いている。これに対し大手メディアは、大統領の発言の信憑性を精査する「ファクトチェック」の手法を強化している。

　メディアの情報は〝事実〟を根拠としている。だからメディアは、トランプ氏との対立を「事実VS思い込み（偏見）」の対立と見なす。だが、そもそもトランプ氏自身は、メディアの情報を事実として捉《とら》えてはいない。だから彼にとって、この対立は「ある（偽の）事実VS別の事実（オルタナティブ・ファクト）」の対立ということになる。つまり「解釈（語り）VS解釈（語り）」という構図として捉えられているのだ。これが、池澤の言う「真偽の彼岸」の時代性である。

　昨今この問題が取り上げられる場合、その多くはツイッターに代表される情報の発信側に着目している。だが情報の受け手側に視線を向けると、この問題はかなり異なった様相を呈してくる。

　社会の出来事を知るとき、私たちはメディアの情報に頼る。同様に、身の周りで起こることを知る場合、身近な人からの情報に頼ることが多い。だが、そうした情報は噂話《うわさ》のように、明確な根拠を欠く場合も少なくない。それでもそうした情報を、私たちが通常正しい情報として受け取るのは、メディアであれ友人であれ、その情報源を暗黙裡《り》に信頼しているからである。詰まるところ、人の日常的な認識のあり方は、実は価値に、さらには感情に深く根ざすものとさえ言えるだろう。

「真偽の彼岸」としての〝ポスト・トゥルース〟の時代は、私たちのリテラシー（自らの力で情報を得、それを適切に利用・活用する力）が試される時代でもある。それは容易《たやす》いことではないが、少なくとも、こうした〝人間の認識のあり方自体をめぐる省察《せいさつ》〟が、先入観や固定観念の回避や緩和につながる可能性はある。そのような省察的な思考が、ひいては私たちのリテラシーの〝バージョンアップ〟の第一歩となるのではないだろうか。

2017

フランスと「われわれ」の行方

4月23日に行われたフランス大統領選挙で、超党派のエマニュエル・マクロン氏が首位に立ち、極右政党「国民戦線」のマリーヌ・ルペン党首が2位につけた。いずれの得票数も過半数を下回ったため、両者は5月7日の決選投票に進むことになった。

昨年の英国におけるEU（欧州連合）離脱の決定や米国のトランプ政権誕生を背景に、今回のフランス大統領選でも、ポピュリズム（大衆迎合主義）や排外主義の高まりに世界的な関心が集まった。選挙戦の主要な争点はEUとの関係や移民政策にあったが、決選投票では親EU派のマクロン氏と、反EU・移民排斥を掲げるルペン氏という対照的な二人の戦いになる。

マクロン氏は今回の勝利演説で、「私はナショナリスト（nationaliste）の脅威に対抗する愛国者（patriote《パトリオット》）の大統領になりたい」と語った。もちろんこれは、ルペン氏の「自国第一」主義を意識した発言だが、EU統合の意義を唱えるマクロン氏が、なぜあえて「愛国者」であることを自認するのだろうか。彼が自認する「パトリオット」と、逆にルペン氏に重ねる「ナショナリスト」とは何が違うのだろうか。

おそらく〝パトリ〟という語に、そのヒントがある。パトリとは、近代的な「国家」（state）ではなく「祖国」を意味する語だ。そしてそこには、ある集団や共同体が一定の歴史的・地理的環境を共有するという含意がある。

したがって「パトリオット」とは、端的には関係性の密度、つまり「われわれ」として包摂《ほうせつ》可能な共同性を表す言葉なのである。マクロン氏は、「ナショナリスト」には国家のための国民という含みを持たせる一方で、自らは「パトリオット」への呼びかけを図ることで、逆に「われわれ」の結束を図ろうとしたのではないだろうか。

問題は、この場合の「パトリオット」、つまり「われわれ」の範囲をどこまで広げるかということだろう。

よく知られるように、フランスには18世紀末のフランス革命に由来する「自由・平等・博愛（友愛）」という理念がある。これをマクロン氏の呼びかけに引き付ければ、彼はEUに対し、ルペン氏のように〝閉じる〟のではなく、むしろ〝開く〟方向にフランスの未来を賭けている。その彼にとって、この理念はイスラム教徒や移民・難民に対しても拡張されていくべきものだろう。だが、果たしてそれが現実的にどこまで可能だろうか。

さらに言えば、翻《ひるがえ》ってこの問いは、現代に生きるすべての人々に突きつけられた難問でもあると言えるのではないだろうか。決選投票※の行方《ゆくえ》に注目したい。

※……7日に行われた投開票の結果、マクロン氏が66％の得票率でルペン氏に勝利し、同国史上最年少の大統領となった。

2017

ロヒンギャ問題——理念と現実のはざまで

ミャンマーの「ロヒンギャ問題」への対応に、国際社会の批判が高まっている。「ロヒンギャ」は、ミャンマーのラカイン州北西部に住むイスラム系少数民族を指す。同国内で約100万人が暮らす彼らは、この地で長らく迫害の対象となっており、現在でもミャンマー政府からは「不法移民」と見なされている。

8月末、ロヒンギャと見られる武装集団が警察施設などを襲撃したことを機に、治安部隊による掃討作戦が激化した。その結果、30万人以上もの大量の難民がミャンマー国外へ流出した。

国連のグテーレス事務総長は、今回の事態を「民族浄化の典型例」として、ミャンマー政府を厳しく非難した。国際社会からの批判の矛先《ほこさき》は、特にミャンマーの国家顧問であるアウン・サン・スー・チー氏に向かっている。

ノーベル平和賞受賞者で、アジアにおける民主化・人権活動のシンボル的存在でもある彼女が、この問題の対応に全く及び腰であることは事実だ。

だが、その背景には複雑な事情がある。

スー・チー氏はミャンマーの実質的な政治的指導者といわれるが、実際には彼女も現政権も、軍に対する権限を持っているわけではない。軍事政権下でスー・チー氏が長年の自宅軟禁から解かれたのは2010年であった。現行憲法下でも、※国軍は政権から独立した存在になっている。

また、ムスリムの増加に対し、保守派仏教徒団体が対立感情をあらわにしているという事情もある。仏教国であるミャンマー国民の大多数が、その立場を支持している。スー・チー氏が軍部に対してあからさまな非難を表明すれば、軍部どころか、多くの国民の支持を失う恐れもあるのだ。

一方、同じくノーベル平和賞受賞者であるダライ・ラマ14世は、スー・チー氏に書簡を送り、今回の事態に対して「平和と和解の精神に基づき、人々が友好関係を回復するよう働きかけることを求める」と呼びかけたという。

スー・チー氏の人権思想が、仏教的理念に裏づけられていることはよく知られている。だが同時に、政治家としての彼女は、直面する難題に対し、いかなる形で仏教的な「慈悲」の精神を具現化できるだろうか。

宗教的な理念と現実的な政治のはざま――「ロヒンギャ問題」を通して、スー・チー氏と共に、この難問について私たち自身も少しでも思いを巡らすことはできないだろうか。

※……2020年11月の総選挙で、スー・チー氏率いる国民民主連盟（NLD）が圧勝するも、これを不服とする国軍が21年2月1日、クーデターで実権を握った。また、若者を中心に行われたデモを武力弾圧し、多数の死者を出したことで国際社会の非難を浴びた。

2017 ルターの宗教改革500年

マルティン・ルターによって開始された「宗教改革」から、今年で500年になる。

1517年10月31日、ドイツの修道士で大学教授でもあったルターは、いわゆる「95箇条の提題」を公《おおやけ》にした。当時、神聖ローマ帝国内のカトリック教会は、バチカンのサン・ピエトロ大聖堂改築の資金調達のために「贖宥状《しょくゆう》」(免罪符)を販売していた。教会は信者に対し、これを購入することで罪の償いが軽減され、天国へ行くことが教会によって保証されると説いた。ルターの「提題」は、教会が説くこの贖宥状の教理は聖書に基づくものでないという立場から書かれた、一種の〝公開質問状〟であった。

こうして始まった「プロテスタント」の流れは、カトリック教会と決別することで中世キリスト教世界を終焉《しゅうえん》させ、近代初期のヨーロッパの社会と政治に大きな変動をもたらした。ローマ教皇ではなく、聖書の権威に基づくプロテスタントの教会は、その聖書解釈の違いに応じて、結果的に多くの宗派を生み出すことになった。それらを総称して「プロテスタンティズム」と呼ばれることもある。

プロテスタンティズムは近代世界に大きな刻印を残した。よく知られているのが、M・ウェーバーの『プロテスタンティズムの倫理と資本主義の精神』のテーゼ（命題）だろう。ウェーバーはこの書で、資本主義的営利経営が、実はそれとは正反対に見えるプロテスタント的な禁欲の態度に由来するという、逆説的な（＝意図せざる）因果関係を解き明かした。

また政治的にも、民主主義、人権、抵抗権などの理念の担い手となったのはプロテスタンティズムの潮流であった。異なった宗派同士の共存を図るためには、国家や教皇のような権力を退け、自らの教会の独立を確保しなければならない。こうして「政教分離」や「信教の自由」といった法的・政治的理念が生まれていった。

今日、民主主義や人権といった理念に挑戦するような宗教も現実に存在する。だが、そもそも自らの信仰に忠実でいられるということは、歴史的には全くもって当然のことではなかった。そうした理念や価値は、直接的にも間接的にも、プロテスタンティズムの潮流に淵源《えんげん》するものなのである。

2018

移民問題と人々の「分断」

来月（3月）行われるイタリアの総選挙では、移民受け入れの問題が争点になっている。

今月3日、中部の街マチェラータで、アフリカ系移民6人が銃撃される事件が起こった。これに対し10日、人種差別反対を訴える大規模なデモが行われたことで、にわかに来月の総選挙の争点に浮上してきたという。

周知のように、移民や難民の受け入れは、イタリアに限らず、今日のEU諸国における最も難しい課題である。一昨年の英国のEU離脱決定の背景にあったのも、やはりこの問題であった。

EU各国には、それぞれの事情や背景の違いはあるものの、全体としては同様の構造的要因が指摘されている。移民や難民の流入によって雇用が奪われるばかりか、自分たちの税金で成り立っているはずの医療や教育などの公共サービスの場面でも、不利益を被っていると感じている人々は少なくない。

そうした不満に加え、頻発《ひんぱつ》するテロ事件が不安に追い打ちをかける。EU諸国の移民や難民にはアラブ系やアフリカ系のイスラム教徒が多いことも、偏見や差別を助長する要因になっている。

このように、今日の欧州における移民受け入れ問題の背景には、社会的・経済的要因が人種的・宗教的要因に結びつけられ、それが固定観念になるという構造がある。もちろん、こうした偏見や差別に対し、明確に「否」を突きつける人々も多く存在する。冒頭でふれたイタリアでのデモも、そうした姿勢の具体例である。

だが現実には、移民や難民の問題を自らの日常生活の中で実感することが多いのは、いわゆる労働者階級である。ここには――日本からはなかなか見えにくいが――教育の問題も根深く絡んでいる。

欧米の識者らは、しばしば「寛容」の精神について語る。もちろん、その重要性は言うまでもないが、彼らの多くは、おそらく先述したような現実を、自らの生活の切迫した問題として抱えているわけではない。「寛容」や「多様性」といった言葉が「机上の空論」と捉《とら》えられてしまうとすれば、それはこの問題の現実に対する実感のあり方に、あえて言えば、階層に応じた一種の分断があるからではないだろうか。

これは決して対岸の火事ではない。「共存」の理念や理想が画餅《がべい》にならぬよう、異なった価値観を持つ人々との具体的なつながりのあり方を模索していきたい。

2018

米大使館エルサレム移転問題をめぐって

5月14日の「イスラエル建国の日」に合わせ、米国は、在イスラエル大使館をテルアビブからエルサレムへ移転した。

これは昨年のトランプ大統領の宣言を実行に移したもので、これによって彼は、先の大統領選での公約の一つを実現した形になった。各種メディアで報じられているように、今回の大使館移転は、今秋に控える中間選挙を意識したトランプ氏による、支持者層へのアピールにほかならない。

もちろんこれは、一方の立場である。他方のパレスチナ側にとって、この日は70年前のイスラエル建国によって多くの人々が故郷を追われ、難民となった「ナクバ(大惨事)」と呼ばれる日である。

当日のニュースでは、娘のイヴァンカ・トランプ氏と、敬虔《けいけん》なユダヤ教徒である夫のクシュナー氏が浮かべる満面の笑みと、パレスチナ側の4万人の抗議活動に表れた人々の怒りの表情とが対照的に映し出されていた。

このときの衝突でパレスチナ人50人以上が死亡し、負傷者は2千700人にも上ったという。この〝非対称性〟にこそ、「パレスチナ問題」の根深さが表れているとも言えよう。

ある宗教的な理想が、政治的関心によって利用される姿を、世界はこれまで何度も目撃してきた。とはいえ、今回の移転問題ほど、その利用のあり方が露骨な例は稀《まれ》だろう。

だが一方で、イスラエルや米国内のキリスト教福音派《ふくいんは》が、臆面《おくめん》もなくトランプ氏の決断を歓迎する姿から見えてくるのは、宗教が政治によって利用される事態とは逆の、宗教が政治を積極的に利用しようとする姿勢である。

このとき、自らの理想の実現を追求する宗教的な動機づけの、場合によっては盲目的とも言える性格と、政治が本質的に含み持つ党派的な性格は、共に手を携える形になる。このように政治と宗教は、往々にして一種の〝共犯関係〟を成す場合がある。

だが、いわば、そうしたあまりにも人間的な姿勢それ自体を省みる視点も、やはり宗教的な理念や理想から引き出され得るものではないだろうか。

宗教が持つこうした可能性を現実の世界に反映させるのも、結局のところは、弛《たゆ》むことなき人間的な努力によるほかはないように思われる。

2018

近代思想史から見る「明治150年」

今年は明治維新から150年の節目に当たる。現在放映中のＮＨＫ大河ドラマ「西郷《せご》どん」では、新しい日本の誕生を夢見る西郷隆盛の獅子奮迅《ししふんじん》の活躍ぶりが生き生きと描かれている。

だが、「明治維新三傑」の一人とされる西郷隆盛が、あの靖国神社には「英霊」として祀《まつ》られていないことは、意外に知られていない。

そもそも靖国神社は、幕末の動乱期に命を落とした勤王の志士らを追悼するために、１８６２（文久２）年に行われた招魂祭をその起源とする。それが１８６８（慶応４）年になると、新政権樹立のために戦った「官軍」と、これに対抗した「賊軍」とに区別され、官軍戦没者は天皇への忠義を貫いた者として祀られる一方で、賊軍戦没者は「朝敵」として除外された。こうして創設された「招魂社」は、西南戦争を機に「靖國神社」と改称されるが、この内戦で「賊軍」の長として絶命した西郷が靖国の「英霊」になることはなかった。

中国思想史研究者の小島毅《つよし》は、この「官軍」と「賊軍」の区別こそが靖国の原点であり、その思想的根拠は儒教にあると喝破《かっぱ》する（『靖国史観』）。そもそも、こうした「敵―味方」の図式は、日本古来の神祇《じんぎ》信仰に由来するものではない。日本の伝統的な死生観には、死者を勝者と敗者に分けるという思想自体に馴染《なじ》みがない。つまり靖国神社は、その創設当初の内戦（戊辰《ぼしん》・西南）の時代から、すでに神社としして極めて特殊な性格を帯びていたのだ。小島はこうした特殊性を、神道よりもむしろ、君主への忠義を尊ぶ儒教的精神に由来するものと見ている。

従来の明治史研究では、西洋近代の思想に影響を受けた明治期前半のリーダーらは、江戸時代の儒教的・封建的精神に対抗したものの、次第に反動派が巻き返し、「教育勅語」に収斂《しゅうれん》する「国体論」を形成したとする見方が強かった。だが近年では、明治の近代化は、江戸の儒教精神の脱却を図ったどころか、実は当初から極めて儒教的な一面を持ち、むしろそれが、さらに強化されていく過程であったとする見方が強くなっている。

翻《ひるがえ》って、今日の日本の精神状況にも、いまだにこうした儒教的精神は息づいているのだろうか。平成最後の年に、あらためて明治維新以降の「この国のかたち」を振り返ってみるのもいいかもしれない。

2019

イラン革命40年——宗教との共存の時代へ

1979年に起こったイラン革命から今年で40年になる。当時のイスラム教シーア派の最高指導者ホメイニー師を奉じる革命派が、親米派のパフラビー王朝を倒し、イラン・イスラム共和国を成立させた革命である。

イラン革命後、米国とイランは長期にわたる敵対関係に入った。昨年、トランプ政権が欧米6カ国によるイランとの核合意から離脱したことで、両国の関係はさらに悪化している。

ところで、イラン革命は、現代世界における宗教の動向を探るうえでも、一つの重要な指標とされてきた。

20世紀半ばまでは、近代化によって宗教は次第に衰退していくものと考えられていた。宗教社会学では、これを「世俗化論」と呼ぶ。実際に、西欧諸国を中心に、1960年代までには教会の礼拝への出席者数は減少し、社会における宗教の影響力の減退は明らかだった。

だが、20世紀後半からは、逆に「宗教回帰」の動きが顕著になる。その代表例が、イラン革命におけるイスラム主義の復興であった。これは、米国におけるプロテスタント福音派《ふくいんは》の躍進や、インドにおけるヒンドゥー・ナショナリズムの台頭などとともに、1980年代以降のグローバルな「宗教的原理主義（ファンダメンタリズム）」の動向の指標と見なされてきたのだ。

もちろん、こうした「宗教復興」現象は、その主張も文脈もさまざまだが、特徴的なのは宗教の「政治化」という傾向である。つまり、既存の政治体制を近代的な世俗主義として批判し、宗教的・伝統的価値観に基づく何らかの政治的要求を実現しようとする点で共通している。

グローバルな規模でのこうした宗教の政治化の流れは、冷戦体制崩壊後は民族主義的な主張と結びつき、さらに活発化した。

一方、2001年の米国同時多発テロは、イスラムに対する西洋諸国の反感（イスラモフォビア）を醸成《じょうせい》し、さらに今日では、イスラムは欧州における移民・難民問題と不可分な要素になっている。

このように、現代世界は「宗教との共存」、特に「イスラムとの共存」という大きな課題を抱えている。その意味で、私たちはいま、「世俗化」ならぬ「世俗化後（ポスト・セキュラー）」の時代を生きているともいわれる。

40年前に起こったイラン革命は、現代世界における宗教の位置づけを占ううえでも、一つの画期を成す出来事だったのである。

2019

「我らが貴婦人」の火災

4月15日に起こったパリのノートルダム大聖堂の火災は、世界中に大きな衝撃を与えた。世界遺産にも登録されるパリの代表的な観光名所で、年間1千300万人が訪れる寺院だ。

「ノートルダム」（Notre-Dame）とはフランス語で「我《われ》らが貴婦人」、つまり「聖母マリア」を意味する。ノートルダムの名を冠する寺院は、パリのほかにも、フランス国内をはじめ、他のフランス語圏の都市にも存在する。その中で、パリのノートルダムが傑出した人気を博してきたのは、ひとえにその地の利と歴史にあった。

「パリはセーヌの賜物《たまもの》」といわれるが、ノートルダム大聖堂は、セーヌ川の中洲、シテ島にある。シテ島は地理的にも歴史的にもパリの中心であり、そこに聳《そび》えるゴシック建築の傑作は、まさにパリの象徴そのものである。

この大聖堂が起工された12世紀中葉は、北西部ヨーロッパで、大規模かつ壮麗なゴシック様式の聖堂が相次いで建設された時代だった。11世紀以降、ヨーロッパでは都市の人口が急激に増大し、大開墾《かいこん》が展開されていた。それ以前は「森の王国」であったヨーロッパで、都市が急速に発展する一方、そうした都市の外部に鬱蒼《うっそう》と広がる森を切り拓《ひら》いていった。ゴシック建築の荘厳な教会堂は、北西部ヨーロッパの都市とともに誕生したのだ。

ゴシック建築の特徴は、尖塔《せんとう》アーチによって天井部分の圧力を垂直方向にまとめ、それを柱に導き下ろすという点にある。そのため、横の圧力を支える分厚い壁が不要になり、多くのステンドグラスをはめ込むことが可能となった。

こうしたゴシック寺院に、人工の森の姿を見る歴史家もいた（木村尚三郎《しょうざぶろう》著『西欧文明の原像』）。聖堂の重い扉を開くと、ひんやりとして薄暗い森のような空間が広がる。天井に向かって高く伸びる石柱は、まるで自由に躍動する若き樹木のようだ。福音書《ふくいんしょ》の物語を描いたステンドグラスから入る陽光は、まさに暗い森に差し込む木漏《こも》れ日ではないか……。

キリスト教において、光は神の象徴であり、美の源泉であった。中世ヨーロッパのキリスト教は都市の外部に広がる森を開拓する一方で、都市の只中《ただ》には大聖堂という「森」を造ったと言えるかもしれない。

修復されるノートルダム大聖堂は、こうした森のイメージをいかに残すのか、あるいは変えるのか――。このゴシック寺院の端正な面持ちを再び眼《め》にすることができる日を、ぜひ期待したい。

2019

宗教的課題としての「孤独」

5月28日に川崎市で起こった無差別殺傷事件※は、社会に大きな衝撃を与えた。特に事件発生後、自殺した犯人に対する「死にたいなら一人で死ぬべき」といった意見がテレビやSNSで広がり、賛否を呼んでいる。

こうした事件は、これまで「通り魔事件」と呼ばれることが多かったが、今回はメディアで「拡大自殺」(extended suicide)という耳慣れない言葉が用いられた。これは精神病理学や犯罪学などで用いられる学術用語だが、日本語ではまだその語義が定着しているとは言えない。おそらくその含意は、「無関係の他者を殺傷して自らも命を断つ行為」ということだろう。「テロ行為」が何らかの思想的・政治的な動機によって引き起こされるのに対し、明確な動機を特定しにくいのが「拡大自殺」の特徴である。

今回の事件でも犯人の動機は特定されていないが、一つの可能性として指摘されているのが、「現代の病理としての孤独」の問題である。

子供を標的にした今回のような事件に対する世論の反応が感情論に傾くのは、無理からぬことだろう。だが同時に、「死にたいなら一人で死ぬべき」という意見を牽制《けんせい》する立場には、「孤独」を個人の問題としてだけでなく、社会全体の問題として引き受けるべきという意識がある。

実はこの問題は、日本のみならず、いまや先進国共通の課題となっている。実際に英国では、昨年「孤独担当大臣」が新設され、肉体的にも精神的にも健康に大きく影響する「孤独」の問題に、国家として取り組む姿勢を打ち出している。

もちろん、「一人でいること（solitude）」を楽しむ人も少なくない。だが、ここで問題とされる「孤独」とは、頼れる他者との関係性が希薄、あるいはほぼ皆無である状態を指す。つまり、経済面はもとより、当事者に寂しさや不安といった精神的な負荷がかかることが、この問題の根にあるのだ。

19世紀末、フランスの社会学者E・デュルケムは『自殺論』で、カトリック信者とプロテスタント信者の自殺率を比較し、共同体的な結びつきの弱い後者のほうが自殺率が高いと論証した。近年では、米国の社会学者R・パットナムが、先進国の中で例外的に宗教的といわれる米国でさえも、社会関係のネットワークが衰退している点を問題視している。

かつて、こうした共同体的ネットワークの中心にあったのは宗教であった。その点を逆に捉《とら》えれば、宗教者にとって、「孤独」をめぐる今日の問題こそが、宗教的共同性の新たな展開を模索する契機になり得るとは言えないだろうか。

※……川崎市多摩区登戸新町《のぼりとしんまち》の小田急線登戸駅周辺で、スクールバスを待っていた私立小学校の児童ら20人が男に次々と刺され、児童一人と別の児童の父親が死亡。犯人はその場で自殺した。

2019

BREXITとラグビー・アイルランドチーム

英国のＥＵ離脱（ＢＲＥＸＩＴ）の問題については、既に取り上げた（145ページ）。それから半年以上経た現在、事態はさらに混迷の度を増している。

この迷走の主要因が、英国領の北アイルランド地域とアイルランド共和国との国境問題だ。プロテスタント系の北アイルランドと、カトリック系のアイルランド共和国との間には、１９６０年代末以降、「北アイルランド紛争」と呼ばれる苛烈《かれつ》な対立が長く続いたが、９８年の「ベルファスト合意」によって、ようやく和解に漕《こ》ぎつけた。

ところが、今回の英国のＥＵ離脱決定は、両国が地続きながらも、再び異なる経済圏に分かれることを意味する。メイ前首相は、両国の国境に物理的な壁が再び建設されることを回避する離脱協定案を議会に諮《はか》ったものの、これをめぐる与党内の対立が先鋭化し、結局、今年6月、辞任に追い込まれた。一方、後継のジョンソン首相は、10月末までの離脱方針を強く掲げ、「合意なき離脱」も辞さない構えだ。

ところで、9月から日本を舞台にラグビーワールドカップが開催される。興味深いことに、世界ランク1位のアイルランド代表は、伝統に従って国境を越えた〝統一チーム〟として、北アイルランドと共に出場する。英国領3カ国（イングランド・ウェールズ・スコットランド）と並び、その雄姿が国内政治の混迷をよそに、全世界の注目を浴びようとしているのは皮肉なことである。

アイルランド研究者の海老島均《えびしまひとし》によれば、これにも曲折があったようだ。アイルランド人選手の多くはカトリック教徒であるのに対し、北アイルランドの選手はほぼ全員がプロテスタントであることから、試合前に斉唱されるアイルランド国歌に違和感を覚える北アイルランド出身選手も少なくなかったらしい。そこで、国歌に代わる代表アンセムとして、「アイルランズ・コール」が95年のワールドカップから歌われるようになった。

この大会が、南アフリカで開催されたことは偶然ではないだろう。それは、ネルソン・マンデラ大統領の期待を背負った南アフリカがニュージーランドを破り、初優勝を果たした大会だった。

スポーツは政治的に〝悪用〟されることもあれば、逆に政治的・宗教的な対立を乗り越える手段にもなり得る。今大会で「アイルランズ・コール」が斉唱されるとき、それはアイルランドと英国民に、さらには世界に、真の〝ノーサイドの精神〟を響かせてくれるのだろうか。

2020「メメント・モリ」

3月11日、世界保健機関（WHO）は新型コロナウイルスを「パンデミック」（世界的大流行）として認定した。鳥インフルエンザやエボラ出血熱など、感染症の世界的流行は近年にもあったが、日本がその当事者になった事例は、「ネット社会」化以降では初めてと言えよう。

ウイルスよりもデマ情報が早く拡散する今日の状況は、「インフォデミック」（infodemic）と呼ばれる。情報へのアクセスの容易さが、人々の不安をさらに掻《か》き立てているのだ。

洋の東西を問わず、疫病と宗教の間には深い関係があるが、その規模として最大のものは、中世末期のヨーロッパで起こったペストの大流行だろう。1347年に地中海の主要都市を中心に流行が始まったこの疫病は、51年にはロシアにまで達し、70年ごろ一応の終息に達するまで、西欧の総人口のおよそ4分の1から3分の1に当たる約2千～2千500万人もの命を奪ったとされる。発症すると体に黒い斑《はん》点《てん》ができて死に至ることから、「黒死病」と呼ばれた。

　中世末期の西欧は、実に死の影の色濃い文化を育《はぐく》んだ。歴史家J・ホイジンガの名著『中世の秋』によれば、この時代の生のあらゆる局面に、「死を想《おも》え」(memento《メメント》 mori《モリ》)の叫びが響き渡っていた。「死を想え」とは、人生は無常であり、死は誰にも平等に訪れることを忘れるな、との教訓である。この表現自体は黒死病以前から伝誦《でんしょう》されていたが、托鉢《たくはつ》修道会の民衆説教や木版画によって民衆に浸透し、中世末期の死のイメージの中核を成すに至った。

　600年も前のこの教訓の含蓄は、今日のコロナ禍にあってもなお失われていないはずだ。確かに、かつての身分社会は貧富の格差の拡大に変わり、天国への憧憬《しょうけい》はAI技術による「復活」の可能性に変わり、死に対する社会としての感受性は大きく変容した。だが、目には見えない疫病への不安を抱えながらも、デマや風評に惑わされることなく、死というものに深く想いを馳《は》せることは、すなわち生の意味をあらためて捉《とら》え直すことであることに変わりはない。

「死を想え」の叫びが暗示するものは、むしろ現下のような状況においてこそ、多くの人々の心に響き得るのではないだろうか。

2020

「コロナ禍の世界」から見る宗教

今般の新型コロナウイルスの世界的な感染拡大は、結果的に、宗教に対する社会の眼差《まなざ》しをあらためて浮き彫りにした。

まず、世界各地で、宗教行事や礼拝の場がクラスター感染源として報告された。韓国では新興宗教団体の集会が初期のクラスターとなったほか、インドやマレーシアではイスラームの礼拝で、またイスラエルではユダヤ教「超正統派」の礼拝で、同様のクラスター感染が発生した。

「集う」ことは人間の社会生活全般の基盤だが、多くの宗教にとってそれは、語り合い、触れ合い、共に祈り、共に弔《とむら》い、共に悼《いた》む、といった特別な意味を持つ。こうした宗教の共同的な行動に対し、このパンデミックは、結果として根本的な制限を加えることになった。

さらに社会の眼差しは、今回のウイルスの世界的感染を、何か意味あるものと見なす宗教の態度に対しても向けられた。科学的には、ウイルスには何ら特別な意味はない。そのため、このパンデミックを「神罰」や「試練」として捉《とら》えることは、科学的・世俗的価値観からすれば的外れであるばかりか、極めて危険なものとして映ることになる。

こうした状況に鑑《かんが》み、世界保健機関（WHO）は宗教指導者らに対し、宗教儀礼や行事における具体的な提言を公《おおやけ》にしている。また、国連のグテーレス事務総長も、このコロナ禍で先鋭化しつつある差別や暴力に対し、宗教指導者が社会にメッセージを発するよう呼びかけた。つまり、宗教には、社会が期待する発信や活動こそが求められているということが、今回あらためて浮き彫りにされたのである。

だが他の分野の多くの識者が、この難局を一つの転機と語るように、宗教もまた、この機を新たな時代へと「脱皮」するチャンスとして捉えることもできるのではないか。「コロナ後の世界」では、宗教にはさらなる知恵が求められることになるだろう。

もちろん、そこでも宗教は、世界を覆《おお》い尽くす病の意味への思索を決して手放すことはできないし、またそうすべきでもない。むしろ、そこであらためて問われるのは、「新しい日常」を前提として更新された救済のビジョンの発信様式であるように思われる。

2020

「われわれ」をめぐる葛藤

米国は「自由の国」といわれる。自らもそれを誇り、また他国にもそれを根づかせようとしてきた（1945年以降の日本におけるように……）。

だが、その場合の「自由」とは、いったい誰にとっての自由なのか？　この2カ月間、米国はそのことを、あらためて自らの問いとして提起した。

5月末、ミネソタ州で黒人男性が白人警察官に押さえつけられて死亡した事件をきっかけに、反人種差別デモが全米へ広がった。「黒人の命も大切（Black Lives Matter）」という切実な叫びが、全米各地にこだました。「黒人の命も」という訳語は、米国における「われわれ性」の現実をよく伝えている。米国が建国以来誇ってきた「自由」とは、つまり、この国にとっての「われわれ」の中には——法的規定とは別に——現実として、黒人はいまだに含まれていないのではないか……。こうした人種問題の現実を、黒人はもとより、肌の色を問わず、多くの国民が自らの課題として捉《とら》え、立ち上がったのである。

米国史の一面は、この「われわれ性」をめぐる葛藤《かっとう》の軌跡でもあった。宗教史として見れば、清教徒（ピューリタン）の入植から始まり、プロテスタント諸宗派を中核として建国されたこの「実験国家」は、当初はそれ以外の信仰を「異なるもの」として偏見の対象にしていた。だがその後、カトリック、ユダヤ教、モルモン教などが徐々に米国の「われわれ」の中に取り込まれていった。２００１年以降に浮上したのは、ここにイスラームは含まれるのかという問いであった。

こうして見ると、米国の「われわれ性」が、ＷＡＳＰ（白人／アングロ・サクソン／プロテスタント）という属性——さらには男性——を核として作られてきたものであることが、あらためて浮き彫りになるだろう。

一方で、人種問題はまさに苦闘の歴史であった。１９６５年にようやく黒人投票権が確立した後も、黒人への構造的な差別が消えることはなかった。今回の反差別運動の高まりは、こうした文脈の中で起こるべくして起こったと言えるかもしれない。

だが、これは決して米国だけの問題ではない。これを繰り返し「問題」にできるということ自体が、米国の可能性を示しているとも言えよう。「われわれ」とは誰か？　誰を含み、誰を含まないのか？　おそらくこの問いは、国や民族、人種を問わず、現代世界に生きるすべての人々にとって、今後も根本的な課題としてあり続けるだろう。

2020 隠喩としてのマスク

10月初め、米国のトランプ大統領が新型コロナウイルスに感染し、3日という異例の早さで退院した。大統領専用ヘリを使ったホワイトハウスへの「帰還」のセレモニーでは、一人バルコニーに立ち、マスクを外す様子をいささか大仰に演出することで、コロナを克服した自らの姿を、国民に強く印象づけようとした。

医学的な指針とは異なり、「強いアメリカ」の体現者でありたいトランプ氏にとって、このコロナ禍でマスクの着用にこだわることは、「弱さ」の証し以外の何ものでもない。実際、トランプ氏の集会では、多くの支持者はマスクを着用していない。また、自身のコロナ感染が発覚する数日前に行われた大統領候補討論会では、トランプ氏は対抗馬のバイデン候補に対し、「彼はいつもマスクをしている」と嘲《あざけ》る態度を見せていた。

4年前の大統領選からトランプ氏が唱え続けてきたモットーは、「強いアメリカを取り戻す」である。この「強さ」が、実は多分に「戦闘的」(militaristic)なニュアンスを含んでいることは、日本人にはなかなか理解しにくい。「ブラック・ライブズ・マター」のデモを暴力的に威嚇《いかく》する白人至上主義者も、トランプ氏が持つこのミリタリスティックな政治姿勢に強く共感している。

さらに不可解なのは、こうしたトランプ氏の政治手法が、全米の約25%を占めるといわれるキリスト教福音派《ふくいんは》からも強く支持されてきたという事実である。コロナ禍に至り、福音派のトランプ支持にも陰りが見え始めているものの、最近のトランプ氏はそうした動向を見据えたうえで、福音派の支持回復を狙《ねら》った言動を繰り返している。今回、彼が人工妊娠中絶に否定的なカトリックの信仰を持つエイミー・コーニー・バレット氏を最高裁判事に推薦したのも、まさにその理由からだ。

もちろん、キリスト教福音派イコール白人至上主義者というわけではない。だが、この二つのグループは、自らが信奉する価値が脅《おびや》かされつつあるという深刻な危機感を共有している。あえてマスクを着けないという――トランプ氏にとっては――「強さ」を暗示するはずの姿は、実は白人至上主義者やキリスト教福音派の危機意識の裏返しとも言えるものなのである。

2020

「悲嘆」を「希望」に変えるとき

来年1月、米国第46代大統領に就任するジョー・バイデン氏は、J・F・ケネディ以来、二人目のカトリックの大統領となる。ケネディ家と同じくアイルランド系の出自を持つバイデン氏は、敬虔《けいけん》なカトリック信者として知られてきた。今日の米国社会の深刻な分断という現実を前に、ケネディの時代以上に、バイデン氏の政治信条を支える信仰信念が鍵《かぎ》を握ることになるかもしれない。

バイデン氏は1972年から、オバマ政権の副大統領時代を含め、長きにわたって米国政界の中枢にいた人物である。実は上院に初当選したこの年、彼は最初の妻と幼い娘を交通事故で亡くしている。さらに2015年には、政治家として彼の後継と期待されていた息子を、脳腫瘍《しゅよう》で亡くしている。

あるインタビューの中でバイデン氏は、こうした家族の悲劇を乗り越えられてきたのは、自らのカトリック信仰によるところが大きかったと語っている。「悲嘆」を「希望」に変える道は、信仰があったからこそ拓《ひら》かれたのだと……。

こうしたバイデン氏の信仰信念は、彼自身の家庭的な事情のみならず、彼の政治理念をも根底から支えるものでもある。先の勝利宣言の中で、バイデン氏は次のように語った。「すべてのものには時があります。建てるに時があり、収穫するに時があり、植えるに時があり、癒《い》やすに時があります。今の米国は癒やす時なのです」。

旧約聖書「コヘレトの言葉」から引用されたこの一節は、信仰者としてのみならず、政治家としてのバイデン氏の一面をも照らす言葉である。選挙戦を通じて両陣営の対立が深まり、その結果は米国の分断の根深さをあらためて浮き彫りにした。こうした状況のなか、彼は国民を二分する敵対的な感情を癒やし、和解への険しい道のりを共に歩みだそうと呼びかけたのだ。

もちろん、政教分離を国是《こくぜ》とする米国において、自らの信仰信念に基づき政策決定を行うことは強く戒められる。だが現実には、それらを厳密に分離することなど、おそらくは不可能だろう。むしろ、具体的な政策決定において、価値や規範の意義があまりにも蔑《ないがし》ろにされてきたこの4年間があったからこそ、「悲嘆」を「希望」に変えるというバイデン氏の言葉は、より一層輝きを増すのではないだろうか。

2001

再考「宗教リテラシー」

このコラムを始めてから13年ほどになる。「宗教」に関する情報を〝クリティカルに〟読み解く能力としての「宗教リテラシー」をキーワードに、グローバル化する現代世界の背後にある宗教的要因について考えるというのが、そもそもの趣旨であった。

本来、リテラシーとは「識字能力」を意味する。20年ほど前から、これがカタカナ表記のままで、〝与えられた情報を批判的に読み解く力〟といった広い意味で用いられるようになった。「宗教リテラシー」について言えば、日本では1995年の地下鉄サリン事件、世界では2001年の米国同時多発テロが、社会的にもそうした関心を高める大きな転機となった。

この動向をさらに後押ししたのが〝ネット社会化〟の流れである。世界で起きる事象について、今ではネット上で簡単に情報を入手できる。リテラシーの意義は、そうした情報が果たして信頼できるものか否かを判断するための能力を身につけることにあったはずだ。

だが、そもそも、特定の事象についての的確な判断をするための情報それ自体を、私たちはいったい、どこから入手すべきなのか？　ネット社会化によって生まれたのは、こうした潜在的な〝情報の無限連鎖〟という問題であった。

一方で、そもそも「判断」とは、そうした連鎖を〝断ち切る〟ことにほかならない。つまり、情報の過多に戸惑う直前で、私たちは自分が信頼したい情報源に頼るほかないのだ。それを最もよく示すのが、米国の先のトランプ政権から生まれた〝ポスト・トゥルース（脱真実）〟なる標語だろう。

だが、情報、つまりは「知識」が、つまるところは「信」に依拠しているというこの構造は、実は情報やリテラシーにのみ関《かか》わる問題ではない。「知」とはそもそも、それ自体が「信」に依拠せざるを得ないというこの性格を、決して逃れることはできないのだ。

では「宗教リテラシー」は、もとより敗北の運命にあったのだろうか？　おそらく、そうではないだろう。一定水準のリテラシーの先には、その〝深化〟が待ち受けているはずである。

むしろ、より的確に言えば、私たち自身が、そのように歩み続けていかねばならないのではないだろうか。

「あとがき」に代えて

グローバル化の先を見据え

天理教の機関紙である『天理時報』に、天理教についてはほとんど言及しない「宗教から見た世界」というコラムが長らく掲載されていたことを、訝《いぶか》しく思われていた読者も少なくなかっただろう。私としては、必ずしもそれは執筆当初から意図していたことではなかった。世界で生じているさまざまな出来事を、「宗教」という窓を通して見ることで、この道の信仰を共にする読者に、普段聞き慣れている、あるいは使い慣れているものとは幾分違った言葉を届けることができれば、というささやかな願いがあった。

本教の立教において、教祖の口を通して語られたのは、「このたび、世界一れつをたすけるために天降《あまくだ》った」という言葉であった。そして教祖は、そのひながたを通して、「人をたすける」ことの意味を私たち人間に教えられた。また、それによって、この世界が陽気ぐらしの世へと立て替わっていくことを望まれた。であればこそ、今を生きる私たちにとって、「人をたすける」とは具体的にはどのようなことなのか、また私たちが働きかけるべき「世界」には、現実的にどのような課題が山積しているのか……。そうした大きく、かつ漠然とした問いを念頭に置きながら、グローバル化する現代世界において、宗教が、あるいはその教説、慣習、組織、伝統といった要因が、陰に陽に作用している多様で複雑なそのありようについて、コラムというかたちで綴《つづ》ってみることになった。

この連載を始めたのは2008年、米国で初の黒人大統領が誕生した年だった。そして21年、白人至上主義の運動を再燃させた大統領がホワイトハウスを去ったときに、この連載を終えることになった。取り上げてきたテーマの傾向からも明らかだが、「宗教から見た世界」と名乗っていても、実のところは米国の動向に左右されていたことを、あらためて実感する。それにしても、この間の〝揺り戻し〟は、単に米国に留《とど》まる問題ではないだろう。むしろ、それによって浮き彫りになったのが、「(宗教) リテラシーの危機」という事態であったと言えるかもしれない。であればこそ、米国のみならず、世界を覆《おお》い尽くしつつあるこの趨勢《すうせい》の意味は、一考に値するように思われる。

トランプ前大統領誕生の前後から、「ポスト・トゥルース」という言葉をよく耳にするようになった。実際に、この言葉は2016年、オックスフォード大学出版局によって「今年の一語」(Word of the Year) に選出されている。「ポスト・トゥルース」とは、客観的な事実よりも、主観的な信条や感情に基づく情報が大きな影響力を持つような状況を意味する。これは「ポピュリズム」と呼ばれる政治的潮流を背景に、米国のみならず世界各国で、さらに勢いを増しつつあるグローバルな動向である。

本コラムの執筆開始に当たって私の念頭にあったのは、具体的には2001年の米国同時多発テロを機に表出したイスラームに対する否定的な感情の高まり（イスラモフォビア）であった。当時の私には、そうした世界の動向を踏まえ、宗教全般についての情報を批判的に読み解く能力、つまり「宗教リテラシー」の意義を投げかけてみようという問題意識があった。

ところが、とりわけ今日の米国における「陰謀論」に顕著なように、そもそも客観的な情報やデータといった前提を、グローバルはもとより、いまや国民単位でも共有することが困難になった。こうした分断の状況下では、「(宗教）リテラシー」の意義を説くことも、ますます難しくなる。というのも、「陰謀論」を例にとっても、そうした信条そのものが、まさに自らの主張の根拠とすべき証拠がないこと、つまり、当の証拠自体が何らかの「陰謀」によって隠されているという信念によって支えられているからである。新型コロナウイルスを「風邪のようなもの」と豪語し、またマスクやワクチンの効果を疑ってかかるのも、その延長線上で生まれる態度だろう。こうした立場には、科学的な客観性や実証性を根拠とする主張でさえ、かつての公共圏で前提とされていたような意味は、もはや持ち得ない。

こうした陰謀論を一笑に付すことはたやすい。だが、やや俯瞰《ふかん》してみれば、実はこれは今日のニュース・メディアや情報一般を規定する問題に留まらない。

「事実なるものはなく、あるのはただ解釈のみ」というニーチェの洞察は、現代の哲学における重要な論点の一つにもなった。要するに知識とは、それが特定のコミュニケーションの場において流通し得るものである限り――傍目《はため》には、それがいかに非合理に見えようとも――ある種の信念や信頼に支えられた一定の合理性を持つものと考えられる。このことは、その対象が陰謀論であれコミュニズムであれ、あるいは特定の信仰伝統であれ、言えること――言えてしまうこと――である。したがって当然それは、ある価値の提示であり、一つの「主義」の表明として、この私自身の主張そのものにも跳ね返ってくる。昨今の世界の動向で顕著となった〝揺り戻し〟によって浮かび上がったのは、こうしたリアルな認識であった。

この論点は、特定の信仰や主義主張を単に当事者の法的な権利として承認する視点を超え、ある種の信頼に裏打ちされた知識のあり方として捉《とら》える視点を私たちに与えてくれる。また、それによって「(宗教)リテラシー」についての私たちの理解や姿勢も、さらに鍛えられていくように思われる。ちなみに、そうした視点から、最後に、これからの世界の動向の一端として、本コラムでは言及してこなかった中国について論じてみたい。

巷間《こうかん》語られるように、米国と中国の対立構図が、短期的にのみならず中期的にも、今後の世界の方向性を規定していくだろう。バイデン大統領は中国との関係を「民主主義と専制主義との闘い」として捉え、同盟国との連携をさらに緊密なものにしながら、経済や安全保障を中心に、人権や民主主義の観点から今日の中国の動向を強く牽制《けんせい》している。中国との経済的な共存という不可避的な現実を踏まえつつも、バイデン氏は、米中の相克を価値観の対立として描こうとしている。これは伝統的に、米国が自家薬籠中《やくろうちゅう》のものとしてきた戦略的レトリックだが、果たしてそれがどこまで通用するか、今後の見通しは定かではない。

実際に現在の中国では、政府に対する国民の信頼度は米国よりもはるかに高い。新型コロナウイルスの対応をめぐっては、「中国型」システムが、米国を中心とする「民主主義型」よりも優れていると多くの国民が感じている。人権問題にしても、中国政府は米国自身が抱える構造的差別や政治的分断を指摘することで、自国の問題の相対化を図っている。中国共産党は今年結成100年を迎え、習近平国家主席はその権力をますます盤石なものにしつつある。安全保障の面では、ここ数年で香港の民主化運動の抑え込みを強化する一方、軍事面では台湾海峡に大きな緊張をもたらしている。経済的には、2028年に中国は米国を抜き、GDP世界第1位になる見通しである。たとえ中国の政治体制が、民主主義的国家の側からいかに問題含みに見えようとも、大多数の国民がそれに一定の信を寄せている限り、当事者にとってそれは十分に合理的なものだろう。

とはいえ、中国の国民意識は、おそらく喧伝《けんでん》されるほど盤石なものではない。それを示唆するのが、中国におけるキリスト教信仰の伸長である。その総信徒数は政府公認の教会に限れば約3千万人、非公認教会を含めると1億を超えるという統計もある。いずれにせよこのことは、共産党が掲げる理念や価値観に満足していない国民が多く存在することの証左でもあろう。

この点で注目されるのが、中国のカトリック信仰とローマ教皇庁との関係である。現在、中国におけるカトリックの信徒数は、中国政府公認の「中国天主教愛国教会」と、バチカンに忠誠を誓う「地下教会」とを合わせると1千200万人ともいわれる。教皇庁と中国政府は、司教の叙階（任命）をめぐって長年対立してきた。ローマ教皇のみが叙階できるとする教皇庁に対し、中国は自国の司教の任命権は中国共産党にあると主張してきた。だが2018年、中国政府が任命する司教に、ローマ教皇が権能を授与するというかたちで暫定合意に達した。こうしたバチカン側の〝譲歩〟に対しては、当初から強い批判の声が上がっていたものの、昨年、この暫定合意がさらに2年間延長されることが決まった。中国政府にとっては、カトリック信徒の存在は国内的な安全保障の問題のみならず、バチカンに台湾との国交を結ばせないための外交上のカードでもある。

一方、教皇フランシスコとしては、あえて妥協的な姿勢を取る以外には、中国政府との関係を維持することは難しい。一見すればバチカン側の明らかな〝譲歩〟なのだが、やや深読みをすれば、「カトリックの中国化」を図る中国の「深部」との関係を保持することで、逆に、自らの価値観を世界に提示できるという、一種の〝賭け〟として見ることもできるだろう。

いずれにせよ、それを支えるのはローマ・カトリック教会の伝統的な普遍主義的志向だが、その勢力や発言力という点で、現実的に中国に対してこうしたカードを切れるのは、現在のところローマ教皇以外にはない。もちろん、それは同時に、カトリック教会内部の「人権問題」を自ら炙《あぶ》り出すことにもつながるはずである。そして、こうした角逐《かくちく》をいかに捉えるかは、つまるところ、私たち一人ひとりが誰に、どのような信を寄せるかに委《ゆだ》ねられているのである。

さらに視線を広げれば、こうした信頼や信憑《しんぴょう》性といった問題を根底から突き崩してしまうような現実——誰もがそう信じざるを得ないような現実——が、私たちの生活や生命を脅《おびや》かすことが、まさに日常茶飯事になりつつある。新型コロナウイルスのパンデミックはもとより、とりわけ気候変動がもたらす圧倒的にリアルな脅威は、グローバル資本主義のあり方、さらには、それを支える人間（中心）主義の根本的な再考を、私たち一人ひとりに突きつけている。それは「宗教リテラシー」に留まらず、環境、経済、政治、社会を含む幅広い分野のリテラシーを——つまりは、それらの語りをめぐる信を——、いかにして私たちが共に紡《つむ》いでいけるかに掛かっているのではないだろうか。

2008年1月から2021年3月まで、「宗教から見た世界」の執筆にあたっては、道友社の若き担当編集者の方々に大変お世話になった。しばしばタイトルの決定を丸投げにするなど、こちらの無理な注文もすべて引き受けてくれた。一人ひとりの名前は挙げないが、この場を借りてお礼を言いたい。

また、そうした若者たちの後陣に構え、いつも私を守り続けてくれたのが、このコラムの話を持ちかけてくれた松本泰歳《やすとし》氏であった。私は毎回、必ず彼の反応を想像しながら原稿に向かっていた。このコラムは松本氏がいなければあり得なかったし、また、ここまで続くこともなかっただろう。心からの感謝を捧《ささ》げたい。

2021年8月

島田勝巳

島田勝巳（しまだ・かつみ）
1965年、埼玉県生まれ。88年、天理大学文学部宗教学科卒業。97年、ハーバード大学神学大学院修士課程修了。99年、東京大学大学院人文科学研究科宗教学・宗教史学専攻博士課程単位取得退学。
現在、天理大学人間学部宗教学科教授。専門は宗教学、特に西洋中世末期のキリスト教思想（ニコラウス・クザーヌス研究）、天理教学。
共著に*Prayer as Interaction*(2007)、*Purification*(2013)、*Materiality in Religion and Culture*(2017)、『井筒俊彦の東洋哲学』(2018)など。主な論文に「クザーヌスの『知ある無知』における二つの「否定神学」」（『中世思想研究』第60号、2018）など。

宗教《しゅうきょう》から見《み》た世界《せかい》

令和３年(2021年)10月１日　初版第１刷発行

著　者　島　田　勝　巳

発行所　天理教道友社
〒632-8686　奈良県天理市三島町1番地1
電話　0743(62)5388
振替　00900-7-10367

印刷所　大日本印刷㈱

ISBN978-4-8073-0645-9
定価はカバーに表示